KB125693

Ο Ιησούς μιλούσε στους ανθρώπους μόνο με παραβολές.

Δεν είπε τίποτα παρά μόνο σε παραβολές.

Θα ανοίξω το στόμα μου και θα μιλήσω με παραβολές,

Μυστικά που ήταν κρυμμένα από τα αρχαία χρόνια θα αποκαλυφθούν.

Γι' αυτό, όσοι έλαβαν τη διδασκαλία μου και

έγιναν μαθητές της βασιλείας των ουρανών

Όλοι οι δάσκαλοι του νόμου είναι σαν τους ιδιοκτήτες ενός σπιτιού που μπορούν να χρησιμοποιήσουν ό,τι θέλουν, παλιό ή νέο, από την αποθήκη τους.

Ματθαίος 34

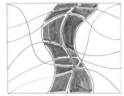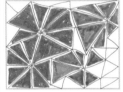

예수께서는 사람들에게 비유로만 말씀하셨다.

비유가 아니면 아무 말씀도 하시지 않았다.

내가 입을 열어 비유로 말하리니,

창세부터 감추인 비밀스러운 일들을 드러낼 것이다.

그러므로 나의 가르침을 받고 하늘나라의 제자가 된

모든 율법교사들은 자기 곳간에서

옛것이든 새것이든 마음대로 꺼내 쓸 수 있는 집주인과 같다.

마태복음 13장

FIFUSION <생각의 순간>을 그려라!

장태규 창의북콘서트 | 미국편

FIFUSION
'생각의 순간'을 그려라!

상상력의 순간을 이미지언어로 융합*분열하라!
혁신의 생각에너지가 생성될 것이다.

추천의 글 ____ FIFUSION 생각의 순간을 그려라!

미래의 청소년에게 필요한 활동역량 중 하나는 창의성이다. 청소년발달단계에 환경과 변화에 독창적인 자기만의 생각과 관점을 만들어내고 정확하게 판단하는 진로와 계획을 세우는 능력을 갖추어야 한다. 이 시기에 수많은 갈등과 문제해결과정에 창의적 공감 능력을 순간마다 떠올리며 정리하게 해주는 FIFUSION Draw는 청소년과 교사에게 매우 효과적인 동반자가 될 것으로 생각한다.
*권일남_명지대학교 청소년지도학과 교수

창의성이란 지금의 세상에 얼마나 필요한 역량인가! 오랜 시간 동안 다양한 인간의 내면과 감정을 생각과 행동으로 표현하는 이미지 언어교육을 현장에서 진행해온 풍성한 코칭사례와 교육과정들이 잘 정리되어있어 주저함 없이 읽기를 권한다. 아울러 창의성이란 타인을 위한 배려와 성장으로 쓰일 때 가장 빛이 난다는 나눔의 가치를 실현해가는 교육 취지에 응원의 마음을 보낸다.
*이영구_대원학원 전 이사장

공감과 소통이 필요한 세상이다. 디지털 세상으로 다양한 의사소통이 가능해지면서 상대방을 배려하지 않는 대화로 갈등과 문제가 많아졌다. 아이에서 시니어에 이르기까지 세대 간의 불통을 해결해주는 미래언어와 이미지 언어 작품이 가득 들어있어 보기만 해도 상상력이 풍성해지는 그림책 같다. 일상에 창의적인 생각이 점점 줄어드는 때에 자기만의 생각과 질문을 만드는 방법을 알려주는 교육은 기쁜 선물이다. 빠르게 지나가는 세상에 시간을 잠시 멈추고 나만의 생각에 잠시 빠지는 여유가 여기 있다. 놀랍고 인상적인 것은 이미지언어가 자신의 강점을 살려 성장시켜주는 아이디어를 떠올려주고 무엇을 해야 할지 정리해준다는 것이다!
*샤론황_필라델피아 한인회 전회장

"FIFUSION 생각의 순간을 그려라!"는 장태규 박사의 창의적인 사고와 상상력을 극대화하는 혁신적인 독서생각정리법으로, 생각의 순간을 이미지 언어로 풀어낸다. 특별히 이 책은 창의성과 시각적 사고를 키우며 10개의 창의역량을 개발하는데, 필요한 교육지침서로, 광고, 마케팅, 디자인, 영상제작, 그래픽 디자인, 음악, 미술 등 다양한 직업 분야에서 적절히 활용될 수 있으며 생활 속 여러 부분에 적용 가능한 혁신적인 자의식 개발과 창의력을 통해 자신의 확실한 이미지 확립을 정리하고자 원하는 독자에게 적극적으로 추천한다.

*지연숙(Grace Ji)_아트디렉터, 큐레이터

FIFUSION 생각의 순간을 그려라! 출간을 통해 장태규 교수의 수년간 강의에 축적된 코칭데이터와 경험을 마치 그림책을 넘기듯이 창의적 이미지를 보며 내면의 깊은 마음속 세상과 만나게 한다. 이는 현대인에게 부족한 상상력의 순간을 이미지와 연상된 언어로 정리해서 표현하도록 돕는다. 생각의 혁신과 창의력을 독서토론으로 누구나 쉽게 이해하고 참여할 방법을 제시하였다. 인공지능AI 시대에 우리에게 가장 필요한 생각의 정리와 창의적인 아이디어를 창출하는 도구가 될 것으로 기대한다.

*손지령_TVK24 NY Chief

창의적인 리더에겐 다양한 질문이 필요하다. 최근 현란한 말로 자기주장을 펼치는 것보다 상황에 맞는 예리한 질문으로 주변 사람에게 통찰력을 갖게 해준다는 말에 공감이 간다. '생각의 순간에 이미지를 그리는 교육과정'은 디지털 시대 많은 여성리더들에게 필요한 훈련으로 질문을 잘하는데 필요한 창의적 역량을 갖도록 안내해 줄 것으로 기대된다.

*정은아_서울시중부여성발전센터 센터장

21세기는 기술이 아닌 콘텐츠가 지배하는 세계다. 기술만으로 소비자를 만족시키기 어렵고 신기술을 적절히 활용한 콘텐츠야말로 시장을 리드하는 힘을 가지고 있다. 콘텐츠를 만드는 핵심역량인 창의력과 문해력은 읽고, 연상하고, 토론하는 과정에서 성장한다. 특히 FIFUSION Draw 창의매니저 독서교육은 창의콘텐츠를 개발하는 좋은 자습서가 될 것이다.

*남기덕_글로벌게임연구회 회장

언어를 배우는 데 가장 필요한 것은 창의적 사고이다. FIFUSION Draw 교육은 아이의 다양한 사고와 창의성을 독서로 배울 수 있는 교육으로 이미지를 독서와 연상하여 깊이 있는 생각과 질문을 스스로 만들어낸다는 것이 흥미롭다. 독창적인 사고유형과 연결된 10개의 역량을 어떻게 훈련해야 하는지 자세히 안내해 준다. 유네스코 세계기록유산으로 등록된 세종대왕의 훈민정음은 세계가 창의성을 인정한 언어이다. 한국어로 새로운 생각언어를 배운다는 것은 그 자체가 독창적인 교육이다. 한국어를 통해 남과 다르게 보고 생각하고 토론하며 정리해가는 과정은 혁신적 사고를 습득하는데 좋은 배움이 될 것이다.

*조수진_재미한국학교동중부지역회의회 회장

인간의 사고력이 어떻게 인공지능과 차별화되어 개인과 인류에 기여할지에 대한 논의가 치열하게 전개되고 있다. 이 맥락에서 저자는 사고의 본질을 재해석함으로써, 다양한 교육 현장에서 사고가 교육자와 학생들 모두 성장시킬 수 있는 도구로 어떻게 재탄생할 수 있는지, 구체적인 방법과 비전을 제시한다. 이는 저자의 20년 이상의 국내외 다양한 현장의 임상과 교육, 그리고 인문학적인 경험을 융합하여 정리되었다. 새로운 시대에 더 강력해질 인공지능의 영향력에 대비하여, "생각의 순간을 그려라!"는 우리 모두가 지금, 이 순간 꼭 읽어봐야 할 책이다.

*이상은 이사벨_미국 메사추세츠 세일럼 주립대 조교수

<FIFUSION>은 상상력과 이미지가 만나는 순간, 의식하지 못했던 혁신적인 아이디어와 놀라운 생각에너지로 생성시켜주는 놀라운 책이다.

*임지윤_PGA 전 수석디자이너

화려한 꽃, 편안하고 고급스러운 소파,
같은 곳을 바라보게 하는 의자에 앉을 것인가!

FIFUSION Draw by 유경

To.

From.

본 교재는 [Fair Start 공정한 출발선] 캠페인에 기금을 마련하기 위해 출간되었습니다. 균등한 교육의 기회를 마련합니다.

FIFUSION

Creative Image Language COACHING

창의 이미지 언어 융합 코칭

이 책에서 찾고 싶은 것은 무엇인가요?

prologue....
생각의 유전자를 공부한다는 것은

인간의 몸에 새겨진 기억과 감정은 어떻게 대물림되는가? 그것은 인류humanity의 진화된 종(種)으로서 오랫동안 살아온 그들의 히스토리history안에 숨어 있는 생각과 소통의 무늬를 찾는 것과 같다.

생각과 소통의 유전자가 악순환의 언어로 일상에 계속된다면 관련된 연결고리를 찾아 끊어내는 것에 집중해야 한다. 그래야 한 사람의 혁신적인 삶이 열리고 성공적인 길을 찾는 것이 시작된다.

인간의 무늬를 읽고 이해하기 위해 상상을 유발하고 끄집어내는 생각의 이미지는 이미 여러 형태로 우리 몸속 깊은 곳에 흔적으로 남아 있다.

이 흔적은 아동에서 노인에 이르기까지 모든 사람의 삶과 일상에서 다양한 상황과 연결되어 부정적 혹은 긍정적인 생각과 감정, 행동으로 나타난다.

*갑자기 냉담해진 아내,
*폭력성이 보이는 아홉 살 아들,
*도박으로 전 재산을 거덜 낸 가장,
*자꾸만 연애에 실패하는 여성,
*간 경화로 돌아가신 아버지,
*음주가 빈번한 남성,

일상의 균형이 깨진 인간의 공격적인 무늬는 세대를 거치며 오랫동안 이어온 감정적 유산으로 강하게 자리 잡고 있다.

*우선순위의 결정선택이 어려운 청소년
*문제에 직면하지 못하는 아이와 부모
*공감 능력이 떨어지는 청소년, 부모, 교사
*계획은 있으나 실행하지 못하는 직장인
*실패와 두려움으로 일상을 회피하는 사람들
*집중력이 떨어지는 아이들
*마음속 상상이 잘 안 떠오르는 교사
*정서적 안정이 필요한 사람들
*공부에너지와 목표가 연결이 안 되는 학생들
*자기중심적인 사고만 발달한 사람들

 개인의 감정적 유산은 가문에 흐르는 생각의 유전자처럼 부모와 자식으로 가정에 묶여 같은 행동으로 드러나고 좀처럼 빠져나오기 힘든 장벽처럼 자리 잡는다. 이것은 다시 가정에서 사회로 이어지며 사회가 발전할수록 복잡한 문제와 갈등의 원인이 된다. 이런 환경을 사는 현대인은 마음속 생각을 정리하고 소통하는 공감 언어가 절실하다.
 공감 언어는 심상(心象)의 생각을 정리해야 한다. 인간이 그리는 생각의 무늬가 저장된 무의식의 깊은 마음에서 하나씩 현실로 가져와서 일상에 적용할 수 있는 언어의 도구로 사용해야 한다. 현대인은 누구나 스트레스와 정신적인 충격, 성장을 위한 혁신의 꿈을 갖고 살아간다. 그 모든 해결의 무늬는 자아의 내면을 알아가는 과정에서 만들어진다. 그렇기에 내면의 생각을 읽고 그리고 무엇을 의미하는지 정리하는 것이 필요하다.
 〈FIFUSION 생각정리스킬〉은 일상의 소소한 생각으로도 혁신을 가져올 수 있다는 용기를 준다. 부정적인 생각의 유전자로 형성된 트라우마를 긍정적인 강점으로 바꾸는 것은 자아의 내면에 어두운 마음을 밝은 빛으로 인식하고 일상의 경험이 긍정적인 관점으로 바뀌는 신(新)성장동력으로 만들어줄 것이다.

결국, 우리의 지식과 인지기능은 모든 상황에서 스스로 선택한 자유의지에 의해서 구조화되고 구체화 된다. 그런 이유로 마음을 어떻게 그리고 정리하느냐는 중요한 문제이다. 그러나 최근 아동, 청소년, 청년, 시니어 등 모두에게 심각한 이슈는 깊게 고민하고 생각하는 시간을 갖지 못하고 단편적이며 극단적인 순간의 생각으로 후회를 남기는 일이 많아진다는 것이다.

하루 중에도 수없이 떠오르는 생각의 순간을 이미지로 정리하면
문제해결에 필요한 우선순위를 알게 된다.

문제해결에는 창의적인 집중력이 필요하다. 이렇게 정리한 생각의 우선순위가 곧 문제해결의 집중력을 준다. 종종 심각한 문제를 해결해주는 열쇠가 간단한 생각으로 풀릴 때가 있다. 그러나 이런 생각의 연결고리가 없이 매일 일어나는 문제에 우선순위 없이 덜 중요한 일에 에너지를 소모하고 막상 중요한 일을 해야 하는 순간에 방전된 상태로 지쳐버리게 된다.

아인슈타인의 유명한 상대성 이론은
에너지를 생성시키는 방법을 두 개의 핵심단어로 정리했다.

위 공식은 핵이 융합과 분열을 반복하며 발생하는 1%의 에너지를 구하는 공식이다. 추후 이것은 핵폭탄을 만드는 원리로도 쓰였다. 그만큼 융합과 분열을 통해 만들어지는 1%의 에너지는 우주를 날리고도 남을 만한 힘을 갖고 있다.

예전에 가르쳤던 카이스트 과학도에게 꿈을 질문했다. 그는 〈1% 에너지에 대한 비밀을 찾는 일〉이라고 답했다. 이처럼 융합과 분열에는 매력적이고 파워풀한 비밀이 있다.

나는 교육학자다. 전 세계의 5대륙을 방문하여 다양한 인종과 세대에게 이미지를 활용하여 떠오르는 상상력을 이미지와 만나게 하는 순간으로 소통언어의 생각정리방법을 가르쳤다. 어느 날 갑자기 떠오른 생각 하나는 〈생각도 융합하고 분열하는 과정에서 상대성 이론처럼 1% 에너지가 발생하지 않을까?〉라는 것이었고 그렇다면 그 생각에너지는 우리의 삶을 엄청난 혁신과 변화로 성장시키지 않을까! 라는 확신으로 이미지언어를 확신했다.

〈1%의 생각에너지는 얼만큼의 힘을 갖고 있을까?〉

독창적인 생각은 공식에 의해 만들어진다. 전 세계의 다양한 인종, 수많은 사람과 만나 사고의 무늬를 공감하고 소통하며 이미지로 정리하다 보니, 생각을 융합하고 분열하도록 지도하는 교육패턴은 자동으로 만들어졌고 그렇게 정리된 핵심단어와 문장은 자기만의 이야기로 표현하는 경험이 되었다. 이런 과정의 반복은 〈창의적인 생각에너지를 만들 수 있는 공식〉을 갖게 해주었다.

생각하는 순간에 아이디어가 떠오를 때, 그것을 독창적인 생각으로 정리하기 위해서는 〈주어진 글이나 문장을 읽고 떠오른 핵심단어 1개와 그 단어에 연상된 3개의 이미지〉가 있으면 가능하다. 뒤에서 코칭사례로 자세히 설명할 것이다.

이미 오랫동안 우리 조상인 인류와 인종에 의해 몸속에 새겨진 기억과 감정, 이것이 이미지언어로 어떻게 대물림되는지! 일상에 온기를 넣어 〈여지하如之何 '어찌할까'라는 뜻. 여기서는 무슨 일에 심사숙고하며 애쓴다는 말임. ≪논어≫ 위령공편(衛靈公篇)에 '어떻게 할까 어떻게 할까 하지 않는 자는 나도 어찌할 수 없다[不曰如之何如之何者 吾未如之何也已矣]'에서 인용한 말임.〉의 마음으로 갈등과 문제를 해결해야 한다.

*일상에 일어나는 여러 가지 문제를 어떻게 정리할까?
*이를 위해 어떤 역량에 집중해야 하나?
*집중하기 위해 어떤 배움의 뜻(지학志學)을 세워야 할까?

FIFUSION이란 새로운 언어의 창의적 관점에서 어떻게 생각을 표현할지 연구하는 신(新)교육모델이다. 생각이 이미지와 만나 글을 읽고, 그리고, 연상하고, 토론하는 인간의 자연연상 능력을 최대한 독창적으로 활용하도록 학습해주는 것이다.

그러한 이유로 한 사람의 무늬(생각과 언어)를 온전히 이해하기 위해 나는 오늘도 마음을 읽고 그림을 그리는 작업을 한다.

마지막으로 책이 나오기까지 동기부여를 해준 샤론황회장, 손지령대표와 존경하는 권일남교수께 감사드리며 멋진 커버디자인으로 창의적 감각을 재능 기부한 임지윤 디자이너에게도 고마움을 전한다.

창의이미지언어연구소
장 태 규 대표

세상을 리딩하는 0.1%의 창의 문해력
꿈을 담고 있는 거대한 느낌표!

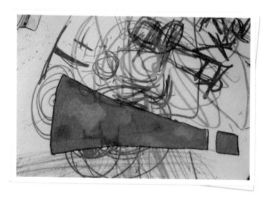

FIFUSION Draw

FIFUSION[1] 〈생각의 순간을 그려라!〉

이 책의 가장 큰 목적은 가정의 자녀와 부모(시니어포함), 학교의 교사와 학생 간에 생각을 소통하고 공감받을 수 있는 관계성 언어를 학습하여 향상시키는 것이다. 관련된 〈CIL[2] 창의이미지언어〉를 소개하고 FIFUSION 훈련방법을 제안하는 것이다.

FIFUSION 교육은 일상에서 겪는 여러 상황 속 갈등과 문제해결을 위해 필요한 언어의 소통능력을 높이고 응용할 수 있는 단순하고 반복적인 이미지로 생각정리방법을 설명한다.

이 책의 첫 주제는 생각의 뿌리로 시작한다. 인류가 오랫동안 그려온 생각의 기록과 흔적이 선사시대에 동굴벽화(이미지언어)로 남아있기에 그들이 그린 이미지에 집중해 보고 어떤 표현과 특징이 있는지, 무슨 생각이 담겨있는지 살펴본다.

FIFUSION 언어교육은 이미지를 활용하여 생각이 끊어지지 않고 계속 이어지도록 실행단계마다 상상력을 요구한다. 이것은 뇌가 활발하게 움직이도록 돕고 활성화하는 데 도움을 준다. 이미지언어는 단순하지만, 뾰족하고 예리한 생각의 순간이 필요할 때, 상상을 융합하고 분열하는 통합적 사고를 필요로 한다.

인간의 뇌는 자기 생각을 밖으로 읽고 그리고 토론하고 소통하는 것으로 향상되고 집중력, 기억력, 암기력, 공감력, 문장력, 발표력 등이 탁월해진다.

최근 쳇GPT가 개발되었다. 현대를 사는 인간에게 가장 최첨단 기술력으로 다가온 발명품이다. 그러나 인간은 개인마다 어떤 생각의 무

---

1) Fission & Fusion 의 머리글자 합성어 〈FIFUSION〉 서로 다른 생각의 관점들이 융합하고 분열하며 증폭되는 순간을 의미하는 단어
2) Creative Image Language의 머리글자(initial) C.I.L 표기

닉를 가져야 하는가에 대한 문제에 직면하게 되었다. 평균적으로 하루에 1만2천 개의 생각을 하는 인간은 이런저런 생각이 머릿속에 가득 차 있다. 그러나 혼자만 묵독, 사유하고 소통하는 기술이 부족하다면 아이디어는 무용지물(無用之物)이 된다.

이미지언어의 문해력은 독서와 이미지, 글쓰기에서 토론하기와 말하기의 능력까지 통합적 기능으로 연결된다. 이는 복잡한 생각의 연결이 정돈되어야 창의적인 표현을 마음대로 꺼내 쓸 수 있고 새로운 환경에 필요한 아이디어를 나의 콘텐츠로 생성시켜 접근할 수 있다. 이 접근이 곧 자신만의 진로이며 생각의 적용단계가 된다.

2부는 지식을 생성시키는 것의 중요성을 강조한다. 지금의 세상은 우리를 정보의 홍수 속에 살게 한다. 너도 알고 나도 아는 보편적 정보는 단순 지식이다. 이는 탁월한 문제해결에 필요한 경쟁력이나 창의적인 적용성을 충족시키지 못한다.

그렇다면 모두에게 가치 있는 지식은 무엇일까? 그것은 누구나 갖고 있지 않으며 일상에 꼭 필요한 지식으로 심각하게 고민하는 문제를 해결하는 데 필요한 지혜를 담고 있는 정보를 말한다. 이것이 자아실현에 변화와 혁신을 일으키는 가치를 만든다.

FIFUSION은 보편적 정보를 활용하여 고유한 정보를 만들고 유용한 지식으로 변화와 혁신을 생성시키는 생각정리스킬이다.

3부는 FIFUSION 교육에 적용되는 코칭원리를 설명한다. 문해력을 향상시키는 가소성과 창의적 생각이 언어능력으로 완성되고 형성되는 기본 요소와 원리를 설명한다. 문장을 이미지로 읽는 독서기술을 향상시키며 나타나는 효과성을 설명한다.

4부는 일상에 배움과 직업, 가정에서 필요한 아이디어와 상상력에 집중하고 완성도를 높여주는 5단계의 훈련방법을 설명한다. 시대가 발전하면 교육도 함께 변화, 성장해야 한다. 그것이 교육의 가소성이 되기 때문이다. 다시 그 자리로 되돌아가는 〈탄성한계〉를 이겨낼 수 있는 창의성 교육이 적절하게 시대를 반영하지 못하면 그 교육은 대중의 관심에서 멀어지게 된다.

교육은 탄성의 한계를 이겨내기 위해 생각이 깊게 요동치고, 뾰족해지며, 예리해지는 통찰력을 가져야 한다. 그래야 다시 돌아가지 않는 가소성을 갖고 빠르게 성장한다. 이미 만들어 놓은 남의 생각을 복사하거나 쉽게 가져다 쓰는 방법은 뇌에 약한 자극을 줄 뿐, 우리를 성장시키지 못하고 제자리에서 맴돌게 만든다.

5단계 FIFUSION 이미지언어훈련은 생각의 스파크를 일으키며 폭발적인 에너지를 발생시키는 융합과 분열의 반복학습을 통해 다양한 적용매체를 사용하도록 돕는다.

예를 들면 에니메이션, 만화, 미술, 음악(소리), 향, 색깔 등 전통적인 예술적 방식으로 평면사고에서부터 입체사고 및 심리학적 접근과 본질사고를 사용하도록 제안한다.

난해한 인문고전과 비교적 단순한 우화를 융합시켜 창의이미지언어를 생성시킴으로 이미 식어버린 지식에 지혜를 더하는 온기로 새로운 생각이 떠오르도록 훈련한다.

전인류의 1%만 사용하는 창의이미지언어

5부는 창의이미지언어를 활용하여 학습자의 자존감을 높이는 것에 집중한다. 일상의 소소한 생각이 세상을 변화시키는 혁신이 되고 개개인의 고유한 창의력으로 구체화하는 과정을 이해한다.

창의적 상상력을 코칭하는 핵심은 무엇을 가르치느냐가 아니라 왜? 가르치느냐에 있다. 학습자의 의식과 무의식에 있는 생각을 일상으로 가져와서 그리고 정리하여 그것이 무슨 역할을 할 수 있는지 발견하게 해주는 것이 교육의 기능이다. 생각의 완성이 행동의 결과물로 보이면 모두가 그 과정에 흥미를 갖고 참여하며 예리한 집중력이 상승한다.

FIFUSION이 추구하는 생각정리교육은 학습자로 하여금 '자신을 발견하고 마음속 생각이 정리된 내용'이 있느냐이다. 이는 스스로 사고하는 능력을 키워야 가능해지고 지금의 교육이 효과성을 높이는데 집중해야 할 기능 중 하나이다.

6부에서는 다양한 생각의 순간을 정리하는 FIFUSION 스킬을 소개한다. 학교에서 아이들은 다양한 과목을 배운다. 국어, 수학, 음악, 미술, 역사, 지리, 문학, 철학, 동아리활동, 봉사활동 등 모든 지식은 생각의 알고리즘으로 연결되고 소통된다는 과정을 이해한다.

첫째는 일상의 내 생각과 연결되고 둘째는 다양한 사람의 생각에도 연결되고 셋째는 인간성과 관계성을 익숙하고 친근하게 만드는 행복과도 연결되어 있다. 그래서 타인과 세상을 바라보는 글로벌한 관점이 필요하고 이것은 독창적 사고를 하는 리더의 특징이 된다. 특별히 〈생각의 순간〉을 정리하는 FIFUSION의 공식($T=W*3i$)이 관점을 갖도록 도와줄 것이다.

인터넷 강국 대한민국은 디지털 시대를 살면서 사람에게 생활의 편리함을 혜택으로 누리게 하지만, 배움의 편리함은 아동 청소년에게 긴 호흡으로 생각을 묵혀두거나 길게 끌어주는 끈기를 가르치지 못하고 있다.

너무 어린 나이에 스마트폰이나 태블릿에 노출되어 빠르게 지나가는 화면에 익숙해져 대충 보고 대충 넘기는 습관이 들면 책을 읽어도 이해 못 하고 내용이 기억에 남지 않는 〈훑어 읽기〉로 지식을 습득하면서 성장하면 그 시기에 알아야 하는 핵심단어나 문장을 깊게 이해하는데 어려움을 겪는다.

7부에서는 FIFUSION 교육이 일상의 다양한 아이디어로 구체화되면서 만들어진 작품과 교육사례를 소개한다. 마음속 꿈을 삶 속의 경험으로 배우게 했던 현장이며 인류와 인종, 장소와 세대, 공간을 뛰어넘어 공존하고 공감하는 교육의 활동이야기를 소개한다.

마지막으로 왜 우리는 인간의 무늬를 그리고 이해하며 연구해야 하는가에 대한 작가의 이유를 정리했다. 이를 위해서 좋은 교육이 있어야 하고 그 교육을 잘 다루는 교사가 있어야 한다. 교육의 효과를 높이기 위한 교사의 역량과 스킬은 시대에 맞게 향상되어야 한다.

새로운 세상의 새로운 교육은 교사와 학생이 모두 잘 읽고, 잘 그리고, 잘 연상하고 소리내어 토론하는 과정을 통해 긍정적인 성장과 변화를 함께 가져야 한다는 약속이 있어야 한다.

서로가 좋은 생각과 특별한 생각을 갖고 지식의 가치를 증명해 낼 때, 우리는 건강한 삶의 교육환경과 성장의 동기를 부여받게 된다.

〈생각의 순간을 그려라!〉는 전 세계 5대륙의 현지 아이들과 한국 학교 교사, 선교사, 시니어와 함께 생각의 순간을 그리며 교육한 경험을 내용으로 서술하였다. 교육을 하며 확신하게 된 것은 건강하고 올바른 내면을 갖고 있다면 올바른 꿈을 꿀 수 있고 생각을 설계하는 우수한 지능을 바탕으로 떠오르는 자유연상은 창의적인 사고와 논리적인 사고를 마음껏 사용할 수 있는 생각의 속성을 알게 해주었다.

누구나 할 수 있는 소소한 생각을 다양한 기법과 특별한 방법으로 구체화시키는 이미지언어 훈련이 다음 세대에게 소통과 공감의 흔적이 되어줄 것으로 기대한다.

FIFUSION Draw by 인간의 무늬

CONTENTS

-생각의 유전자를 공부한다는 것은
-책소개 〈FIFUSION 생각의 순간을 그려라!〉

제1부 생각의 뿌리

-인류가 그려놓은 생각의 무늬들　　　　　　　　　　　　25
-챗GPT시대, 인간의 생각은?　　　　　　　　　　　　　29
-생각의 무늬는 어디나 연결되어 있다　　　　　　　　　34

제2부 지식을 생성시키는 씰 C I L

-씰교육의 개념, 철학, 가치들　　　　　　　　　　　　　42
-FIFUSION Draw 가소성과 학습미션　　　　　　　　　46
-생각의 순간, 새로운 지식을 생성시켜라　　　　　　　　50

제3부 씰 이론 찰(察)하기

-창의'S' 이론 Creativity Ability Theory　　　　　　　59
-생각순환이론 FIFUSION Circle Theory　　　　　　　64
-씰의 사고유형분석 및 10대 창의역량　　　　　　　　　66
-이중부호화 이론 & 스키마 이론 Schema Theory　　　78

제4부 생각에너지를 폭발시키는 FIFUSION 훈련법

-생각의 근육을 키워라　　　　　　　　　　　　　　　81
-생각의 핵심을 찾아라　　　　　　　　　　　　　　　86
-생각의 무늬를 읽어라　　　　　　　　　　　　　　　88
-생각의 융합시켜라　　　　　　　　　　　　　　　　90
-생각을 변형시켜라　　　　　　　　　　　　　　　　92

제5부 상상력의 저작권을 소유한 사람들

-연관성을 상실한 정보화시대   96
-네가 그리는 그림은 취미잖아!   100
-이미지언어를 쓰는 사람들   106
-대통령의 창의이미지언어 연상이야기   110
-무의식의 고래를 춤추게 하는 추상적사고를 정리하라   118
-이성과 추상이 만나는 순간에 직면하라   128

제6부 생각의 순간을 정리하는 방법들

-TESTING : 무의식의 스토리텔링?   135
-창의코칭 : 생각에너지를 만드는 FIFUSION 창의역량   146
-이미지코칭 : 철학적 사고가 훈련되는 이미지연상법   158
-독서코칭 : T=W*3i 마음속 생각 공식으로 정리하기   166
-판생각코칭 : 직선, 곡선, 도형으로 판생각만들기   172
-생각융합코칭 : 숫자와 이미지로 창의융합사고 체험하기   178

제7부 창의이미지언어 활동사례들

-마음속 생각을 거리에 그려라! 〈FUN STREET PAINTING〉   184
-창의문제해결역량캠프 〈아빠와 함께 무인도 살아남기〉   186
-이미지언어로 최고의 상상력 만들기 〈I*FUN영화제〉   188
-청소년이 배워 아동의 멘토가 되는 〈청소년창의독서봉사단〉   190
-FIFUSION 교사연수/자격과정   194
-미국, 브라질, 아프리카, 인도네시아, 스페인 등 창의언어교육   202
-그냥 늙지 마라! 시니어 디지털창의한글교실   206

나가며

왜? 인간의 무늬를 이해하고 연구해야 하는가   211

부록 : FIFUSION 워크북 & 창의성 검사지   219

제1부 생각의 뿌리

*인류가 그려놓은 생각의 무늬들
*챗GPT시대, 인간의 생각은?
*생각의 무늬는 어디나 연결되어 있다

인류가 그려놓은 생각의 무늬들

 나는 이미지로 생각하고 질문한다. 이런 습관과 방법은 어디에서 시작되었을까? 인류 최초로 가장 오래된 선사시대의 동굴벽화는 라스코 프랑스동굴과 알타미라스페인동굴에서 발견되었다. 대략 4~5만 년 전 구석기시대 원시인의 사용하였던 의사소통의 언어가 이미지였음을 보여주는 중요한 흔적이다.

 그들은 왜 벽화를 왜 그렸을까? 구석기인에게 사냥은 생명과 종족을 유지하는 가장 중요한 수단이다. 사냥도구가 발달하지 않은 상태에서, 돌칼을 들고 동물에게 덤벼드는 사냥은 그들에게 두려움과 공포가 존재하는 삶의 행위였을 것이다. 그렇다면, 사냥이 좀 더 잘되기를 바라는 마음으로 사냥의 대상이 되는 짐승을 그려 넣고 먹잇감을 잡을 수 있게 생각과 의지를 집중시키는 주술적 의미의 사냥의식으로 이미지 언어를 사용하지 않았을까 추측해 본다.

 중요한 사실은 구석기시대 원시인도 마음속의 생각을 이미지로 표현하고 정리해서 소통하는 능력을 갖추고 있었으며 일상에 필요한 언어를 벽화그림으로 사용했다는 것이다. 보이는 대로 그린 것이 아니라 아는 것을 생각하여 그렸다는 것이 이 시기의 동굴벽화의 특징이란 것도 놀랍다.

인류의 진화는 사람이 하나의 구분된 종으로 나타나게 되는 과정이나 발전 또는 진화과정을 말한다. 이런 변화와 발전의 형성은 자연과 과학적 방법으로 표현되고 이해된다. 이는 자연인류학과 유전학으로 어떤 생각과 감정과 행동의 뿌리를 찾는 것에서 시작된다.

인간이라는 용어는 현생인류와 그 직계조상을 포함하는 분류로 사람을 의미하나, 인류의 진화에 관한 연구는 일반적으로 존재했던 오스트랄로피테쿠스로부터 230~240만년 전 사이에 아프리카에서 분리된다.

구석기시대 인간은 오스트랄로피테쿠스(남쪽원숭사람)와 호모하빌리스(손쓴사람), 호모 에렉투스(곧선사람), 호모사피엔스(슬기사람)로 갈라져 나오게 됨으로써 현재의 형태에 이른다.

선사시대 아프리카인BC약 40,000~약1,500의 벽화나 바위에 그려진 이미지언어는 지금이나 그때나 역시 독특한 예술성을 자랑한다.

우리는 원시사회에 대해 말할 때 흔히 선사시대라는 표현을 많이 사용한다. 말 그대로 문자를 통해 역사가 기록되기 이전의 시기를 뜻하는 말이다. 문자로 된 자료가 없다는 것은 그만큼 그 시대 사람들이 어떤 생각을 하고 있었는지를 파악하기가 어렵다는 의미이기도 하다.

그러나 문자로 기록된 것이 없다고 해서 구석기인의 의식을 전혀 알 수 없는 것은 아니다. 이미지는 문자언어에 앞선 기록방법이다. 철학의 역사를 거슬러 올라가다 보면 당연히 인간 사고의 시원(始原)에 해당하는 구석기시대와 만나야 한다. 어느 시대의 문명을 막론하고 인간의 역사적 기록을 보더라도 시기적으로 이미지는 문자에 앞선다. 문자가 만들어지기 이전에 이미지는 문자의 언어 역할을 대신했다.

지금부터 약 4만 년 전에 시작한 구석기시대 후기가 되면 실용적인 기능과 연관된 '미술작품'이 나타난다. 동굴벽화, 암각부조, 환조를 비롯하여 짐승 뼈에 새겨진 선각화 등이다.

구석기시대에 드러나는 이미지의 특징은 대체로 인물이 없거나, 동물의 묘사가 많다. 무리를 이루고 이야기를 만들어 그렸다기보다는 각각 한 화면에 독자적으로 동물을 표현했고 원근법 등 회화적인 기법으로 적용된 창의성이 돋보인다. 인류 초기시대에도 원시인의 일상이 다양한 이미지언어의 관점으로 결정되고 소통된 것을 알 수 있다.

눈에 보이는 것이 아니라 아는 것을 그린다

그냥 보이는 것과 아는 것은 표현하는 것은 명백히 다르다. 구석기인의 의식에서 보이는 또 하나의 특징은 자연주의적인 사고의 경향성이다. 구*신석기 시대는 이미 있는 것을 그대로 묘사하는 것이 아니라 있을 것이라 〈생각하는 것〉을 묘사하는 표현언어가 흥미롭다.

그런 측면에서 "아이들의 그림이나 오늘날 원주민의 예술은 감각의 소산이라기보다 이지(理智)의 소산인 것이다."

즉 그들은 실제로 그들 눈에 보이는 것을 그리는 것이 아니라 그들이 알고 있는 이면의 것을 그린 것이며 시각에 들어온 모습 그대로를 그리는 게 아니라 대상에 대한 통합적인 이해를 기반으로 일상의 상징성을 표현했다는 것이 중요한 점이다.

우리는 일상에 새로운 것을 접하고 직면하면서 변화와 혁신의 아이디어를 보지만, 그 이면까지 알지 못하는 것들이 대부분이다. 늘 반복되는 익숙함과 당연함에 빠져버려 생각의 틀에 가둬버린다. 고정관념은 다르게 보는 것의 가장 큰 장애요소이다. 색안경을 끼고 틀 안에서 세상을 보려는 것과 같다.

선사시대 의사소통에 쓰인 이미지는 말이 아닌 시각적 형태의 방식으로 그림, 도안, 조각 등을 통해 표현되며, 선사인의 생활, 신앙, 사회 구조 등을 이해하는데 중요한 흔적이 된다. 그 흔적은 다음과 같은 특징을 갖고 있다.

간결하고 직관적인 상징symbol을 사용하여 정보를 전달한다. 이러한 상징은 종종 특정한 개념이나 객체를 나타내며, 인간의 일반적인 지식을 이해하는 공감과 연결된다.

보편적인 일상생활과 관련성이 깊다. 이미지언어는 주로 일상생활의 장면과 관련성을 가지며, 사냥, 식량 수집, 종교의식 등 선사 인의 활동과 가치를 반영한다.

그 시대의 역사와 삶의 기록을 살펴볼 수 있다. 이미지언어는 선사인의 역사, 전통, 이야기 등을 기록하고 전달하는 역할을 했다. 벽화, 도안, 조각 등을 통해 선사시대의 사건과 생활양식을 이해한다.

지역적으로 선사 인의 다양성을 볼 수 있는 증거이다. 선사시대 이미지언어는 지역과 문화에 따라 다양한 양식과 의미를 지니며 이로써 지역 간의 차이와 특성을 이해할 수 있다.

생각의 관점으로 이어진 역사의 무늬들을 연결해준다. 이미지언어는 선사시대부터 현대에 이르기까지 역사적 연속성을 보여준다. 이를 통해 우리의 과거 소통과 연결된 현재의 언어 형태를 이해할 수 있게 된다.

이러한 특징은 선사시대 이미지언어가 당시의 문화와 생활양식을 이해하는데, 중요한 자료가 되고 있음을 보여 준다.

쳇GPT시대, 인간의 생각은...

CHAT GPT라는 것이 개발되었다. 처음엔 3.0버전이라고 하더니 매주 버전이 올라가고 지금은 5.0버전까지 나왔단다. 아마도 책이 출간될 때쯤이면 더 진화된 버전이 출시될 것이다. 제품의 대표 광고멘트는 〈인간과 자연어로 대화 기능을 하는 인공지능모델〉이다. 한국에서도 이미 네이버와 카카오가 이 서비스를 구축하고 있다.

'풍요로운 미래 빈곤이 없는 세상'을 만들겠다는 테슬라 일론머스크 회장은 2022년 어설픈 범블비 AI로봇을 출시하였다. 그러나 1년도 되지 않아 2023년형 테슬라 휴먼노이드 옵티머스(Tesla Optimus)1, 2세대 로봇을 연이어 내놓으며 2천만원에 이 제품을 판매하겠고 밝혔다. 옵티머스2의 움직임은 인간과 같이 섬세하고 자연스럽다. AI의 두뇌를 장착하여 AI빅데이터를 기반으로 스스로 보고 배우며 일상에 반응하고 진화한다. 인류가 만든 수천 년간의 역사와 배움을 단 몇 분 만에 끝내버린다. 놀라움보다 이젠 무서움이 앞선다.

초기 GPT는 OpenAI[3]회사에서 개발하였다. 인터넷에 존재하는 모든 정보를 셀 수 없을 정도로 학습하여 사람의 말을 이해하고 자연스럽게 질문과 답으로 대화를 이어갈 수 있는 AI이다. 사람이 웹에 작성한 기사, 리포트, 블로그, 웹사이트 등을 학습하기 때문에 유용해 보인다.

ChatGPT의 기능은 이렇다.

첫째, 사용자가 입력한 문장을 이해하고 분석하여 그 의도나 내용을

---

3) 와이콤비네이터를 창업한 샘 알트만, 테슬라 대표인 이론 머스크, 실리콘밸리 창업황으로 알려진 링크드인의 리드호프먼, IT벤처 투자가인 제시카 리빙스톤, 페이팔의 창업주 피터틸등이 10억달러라는 큰 금액을 모아 2015년 12월에 창업한 회사

파악할 수 있다. 둘째, 이전 대화와 관련된 내용을 기억하고 문맥을 파악, 이를 활용하여 지속적인 대화가 가능하고 셋째, 입력된 질문이나 문장에 대해 적절한 답변을 생성해주고 이때 문법, 의미, 상황 등을 고려하여 가장 자연스럽게 어울리는 확률 높은 답을 불러와 준다. 넷째, 질문에 따라 일반 지식, 설명, 조언, 참고 자료 등을 제공한다. 다섯 번째, 특정 주제에 대한 글쓰기, 아이디어 제공, 스토리 생성 등 다양한 창의적인 작업에도 활용된다.

CHAT GPT는 대화형 인터페이스에서 다양한 질문과 상황에 대응하여 유용한 정보를 제공하거나 대화를 지원하는 역할을 수행한다.
그러나 과연 인공지능인 챗GPT가 인간이 생각하는 능력에 긍정적인 부분만 제공할까? 답은 아니다. 부정적인 영향을 미칠 수 있는 몇 가지 측면을 정리하면

정보 의존도를 증가시킨다. 챗GPT와 같은 기술을 과도하게 의존하면, 개인적인 문제해결 능력이 저하된다. 인간은 자신의 사고와 직접적인 문제들을 해결하는 능력으로 성장해야 한다. 특히 발달단계에 있는 아동과 청소년에게는 더욱 영향이 크다.
지나치게 챗GPT와 대화하거나 의견을 구할 때, 실제 사람과의 소통이 줄어들어 사회적 고립을 유발할 수 있다. 인간과의 대화 대신 챗GPT와의 대화에 많은 시간을 할애하면, 대인관계 소통과 관계 형성이 약화 될 수 있다. 챗GPT와 같은 모델이 아이디어를 생성하거나 답변을 제공할 때, 창의성을 발휘하는 기회를 잃게 된다.
정보 품질 문제로 모든 정보가 인공지능을 통해 제공되면, 정보의 진실성과 신뢰성에 관한 판단 능력이 약화된다. 사고의 한계도 올 수 있다. 인공지능은 기술적 한계를 가지며, 모든 문제를 해결하지 못한다. 제품의 버전에 따라 사람이 인공지능에 의존하면서 사고의 범위가 좁아지게 된다. 데이터에 종속된다. 인공지능은 학습 데이터에 의존하므로, 잘못된 데이터의 편향된 정보에 노출될 수 있다.

자율성이 감소된다. 챗GPT와 같은 시스템이 의사결정을 지원할 때, 자율성은 줄어들고 완전한 의사결정이 대체될 수 있다. 언어는 말로만 전달되는 것이 아니다. 이 전달력은 고작 7%밖에 되지 않는다. 93%가 비규칙언어(색, 향, 표정, 몸짓, 억양, 형태 등)로 전달된다. GPT의 인터페이스가 이러한 비언어적 신호의 의미구조를 파악한다면 진정한 언어혁신은 일어날 것이다. 그러나 지금의 새로운 변화에 부정적 영향을 최소화하고 인공지능을 지혜롭게 활용한다면 자신의 사고능력과 창의성을 균형 있게 사용할 수 있을 것이다.

챗GPT에게는 질문을 수준 높게 해야 한다. 유치한 질문을 하면 유치한 답을 찾아준다. 그래서 GPT에게 바보같은 질문을 해보았다.

성공은 화장품입니까? 성공은 마이크입니까?

성공은 화장품이 아닙니다.
화장품은 단순히 일부 사람들에게는 필요한 제품 중 하나일 뿐입니다. 성공은 개인의 가치관과 목표에 따라 다르게 정의될 수 있습니다. 일부 사람들은 성공을 재무적인 부를 쌓는 것으로 보고, 다른 사람들은 가족과 친구들과 함께 시간을 보내는 것으로 보거나, 자신의 역량을 향상시키며 삶을 더욱 의미 있게 살아가는 것으로 보기도 합니다. 결국, 성공의 정의는 개인의 가치관과 목표에 따라 달라질 수 있습니다.

성공은 마이크가 아닙니다.
마이크는 단지 음성을 전달하는 도구 중 하나일 뿐입니다. 성공은 개인의 노력, 열정, 지식, 경험 등 다양한 요소들의 조합으로 이루어집니다. 또한, 성공은 개인마다 다르게 정의될 수 있습니다. 누군가에게는 돈과 명예가 성공의 기준일 수 있지만, 또 다른 사람에게는 자신의 가치를 실현하고 행복한 삶을 살아가는 것일 수도 있습니다.

성공은 화장품이다.
왜냐하면, 모든 사람에게 잘 보이고 싶어 하기 때문이다

성공은 마이크이다.
왜냐하면, 큰 소리처럼 큰 꿈을 가지면 크게 반응해주기 때문이다.

인간과 대화가 되며 이해하는 인공지능이 개발되었다는 말을 함부로 쓴다면 우리 인간은 기분이 나쁠 수 있다. 초등학생도 이해하는 간단한 융합문장을 아직은 GPT가 병렬사고의 답을 말해주는 상황이다. 그런데 인간에게 질문을 마음껏 하라고 한다. 아직은 인간의 다양한 언어신호를 받아줄 간단한 생각과 질문도 재미없는 답을 말해 줄 뿐이다.

그러나 인간의 끊임없는 기술발전의 노력과 도전은 언젠가 고유한 창의융합사고까지도 읽어내는 시대를 맞게 할 것이다.

그런 측면에서 인간도 사고의 문해력을 성장시키는 활동으로 고유한 생각과 감정과 행동을 발전시켜야 한다. 이것은 디지털 시대, 우리 아이들을 어떻게 키울 것인가에 대한 미션이다. 쳇GPT가 무조건 필요 없다고 통제할 수만은 없다. 인터넷이나 컴퓨팅사고력을 연결한 창의적인 문해력을 훈련하고 습득하는 것이 필요하다.

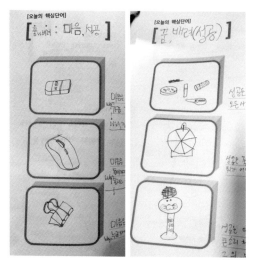

FIFUSION Draw

  창의적 생각과 문해력은 밀접하게 연결되어 있다. 문해력은 정보를 이해하고 해석하는 데 중요한 역할을 하며, 창의적 생각은 이러한 의식의 흐름과 이해로 묶여있다. 이들 간의 관련성은 첫째, 이해와 해석의 주고받음이다. 글을 읽고 그 안에 담긴 정보, 아이디어, 논리, 논증을 이해하고 해석하는 것이다. 창의적 생각으로 발전시키려면, 먼저 주어진 정보나 아이디어를 흘려보내고 가져와야 한다. 둘째, 아이디어 생성이다. 창의적 생각은 새로운 아이디어를 생성하고 다양한 연관성을 찾는다. 생각을 그리기 시작하면 정보나 아이디어를 다양한 관점에서 바라보고 연상하는 것으로 창의성은 학습되고 향상된다. 마지막으로 문맥의 이해 부분이다. 주어진 텍스트의 문맥을 이해하고 관련 정보를 연결하는 것으로 문맥의 이해는 창의적 생각을 지원하며, 정보나 아이디어를 새로운 관점으로 볼 수 있도록 돕는다. 처음 보내진 이미지의 원본에 새로운 그림이 추가되어 붙여진다. 이것은 주로 추상적 이미지로 체험한다.

생각의 무늬는 어디나 연결되어 있다!

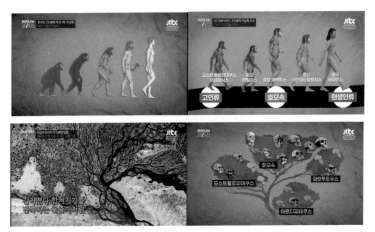

*사진제공 : 차이나는 클라스 - 이상희교수(캘리포니아대 리버사이드)

 인류는 500만 년 전을 기준으로 흘러오면서 인간과 침팬지가 갈라지는 시점에서 인류의 역사가 다양한 모습과 과정을 거쳐 지금의 모습이 되었다고 주장한다. 그 시작은 우리가 잘 아는 오스트랄로피테쿠스와 아르디피테쿠스이며 지금의 우리를 말하는 현생인류의 기원은 호모사피엔스이다.

 20세기에 DNA 연구를 통해 학계에서 정리한 가설 중 중요한 것 하나는 인류는 계단식으로 진화하지 않았다는 것이다. 그림처럼 굽었던 인간이 허리가 펴지며 일어나고 피부는 하얗게 되어가는 진화의 모습은 아니라는 주장이 제기되었다.

 나뭇가지 이미지처럼 다양한 인종이 20세기 이후 등장한 진화이론처럼 인류가 공존하며 진화했다는 계통 관계를 나타내는 가설이 공감을 얻고 있다. 이것은 〈나뭇가지 가설〉이다.

아프리카 기원설과 다지역 연계설은 확연히 차이를 구분할 수 있다.

아프리카 기원설은 가지가 하나의 것으로 와서 현생인류가 나왔고 다지역 연계설은 여러 가지가 교차하며 지금의 현생인류가 만들어졌다는 주장이다. 두 기원설의 큰 차이는 서로 섞이면서 교류하고 있느냐이다.

현재는 다지역연계설이 설득을 얻으며 인정받고 있다. 넓은 의미의 다양성을 제시하는 모델이다. 인류의 진화는 나뭇가지가 아닌 갈라졌다 합쳐지고 합쳐졌다가 갈라지기를 반복하는 물줄기처럼 계속 혼종이 일어나는 것을 인정하는 새로운 진화모델의 이해가 필요한 시점에 이르고 있다.

〈FIFUSION〉은 인류가 반복 진화해온 환경처럼 인간의 생각도 융합하고 분열하는 과정을 통해 성장하고 진화한다는 것에 공감한다.

선사시대 원시인도 자신을 위협하는 크고 무서운 동물을 사냥하기 위해 이미지를 그렸고 동물의 뼈를 사냥도구로 준비하여 자신을 방어하였다.

지금의 최고기술력인 옵티머스 AI로봇과 쳇GPT도 어쩌면 인간을 위협하는 거대한 대상이 될 수 있다. 우리는 최신기술력을 잘 다루며 그것으로부터 우리를 보호하는 방법도 준비해야 한다.

인간의 개체 수는 2022년 11월 공식적으로 80억을 돌파했다. 1974년 40억을 돌파한 이후 48년 만에 2배로 증가한 수치다. 인간이 가진 생각의 뿌리는 이처럼 다양하게 늘어가는 개체 수만큼이나 복잡하게 연결되어 있다. 다지역 연계설처럼 끊임없이 합쳐졌다가 갈라지고 갈라졌다가 다시 합쳐지는 것을 반복하는 특징을 유지하며 경험과 지식, 가치관과 문화적 배경, 교육수준, 사회적 환경 등에 영향을 미치며 생각이 형성되고 구체화하는 의식의 흐름이 매우 중요한 핵심체계로 인식되고 있다.

인간은 일상의 모든 상황에서 생각을 떠올린다. 평균적으로 하루에 꼬리에 꼬리를 물고 수많은 생각을 한다. 자신도 모르는 사이에 끊임없이 생각을 그리고 지우고 다시 그린다. 이 모든 생각이 그저 생각나는 대로 이어가는 것은 아니다. 우리가 느끼지 못할 뿐 비자발적인 모습으로 의식의 흐름이 유지되는 것이다. 이 흐름으로 인간은 항상 창의적 사고를 하는 무늬를 만든다. 여러 상황속에서 빠르거나 느리거나 순간적이거나 자유롭게 적용시킨다.

올림픽의 탁구경기를 보면 상대가 친 탁구공은 상대편 선수에게 단 1초도 걸리지 않고 날아간다. 어떤 논리적인 생각을 정리해서 공을 받아친다면 답은 패배이다. 날아오는 공은 회전도 하고 방향도 바뀌며 높이도 다르다. 이런 여러 상황에 대해 공을 받는 사람은 내 라켓의 위치와 각도와 속도조절 등을 한 번에 머릿속에 그리며 받아낸다. 이는 경기 내내 한 번의 동작이 아닌 수십 번의 반복으로 1점을 얻기 위해 이어진다.

여러 번의 공을 주고받음이 선수를 지치고 피곤하게 만드는 것이 아니라, 오히려 승부욕을 높여 정신을 집중하게 하고 관중에게는 경기를 재미있게 관람하도록 해준다.

국가대표는 아니더라도 많은 사람이 탁구와 테니스, 야구, 축구 등으로 공을 다루는 운동을 한다. 빠른 탁구공을 받아내고 야구공을 친다고 해서 그 사람을 대단하다거나 천재라고 하지 않는다. 이처럼 인간은 생각의 순간을 이미지로 그려 의식의 흐름을 자유롭게 사용하고 있다.

그러나 수없이 흐르는 의식의 생각들이 모두 필요한 것은 아니다. 우습게도 95%가 어제 했던 동일한 걱정이며 나머지 5%도 그렇게 창의적인 생각은 아니다. 우리는 어제와 같은 생각을 하며 내일도 그 생각을 하는 틀 속에 살고 있다.

〈FIFUSION〉는 반복되는 인간의 삶에 흐르는 의식 속에 새로운 것을 발견하고 만들어주는 연상작업이다. 생각의 가소성을 가지고 탄성의 한계를 이겨내어 다시 그 수준으로 돌아가지 않게 하려는 생각의 순간을 만들어야 한다.

천재와 보통사람은 생각을 얼마큼 깊게 하고 다른 위치로 가져가서 새롭게 재정리하느냐에 달려있다. 늘 반복되는 일상과 변화가 없는 삶을 사는 사람에게는 어떤 혁신도 일어나지 않는다.

'생각의 순간'에서 떠오른 이미지로 마음속 무의식을 찾는다는 것은 자신의 고정관념을 버리고 끊임없는 창의적 자유연상을 통해 의식의 생각에서 무의식의 사고까지 파고드는 과정을 말한다.

피카소나 칸딘스키의 작품, 가우디의 건물, 조각 등을 보면 대부분의 사람은 창의적인 느낌을 받는다. 그 느낌이 거기에서 끝난다면 우리의 의식은 다시 원래의 자리로 돌아가게 된다.

깊이 있게 파고 들어간 의식의 흐름은 나름의 정리가 필요하다. 정리되면 다시 또 파고 들어갈 생각의 에너지가 생기기 때문이다.

'FIFUSION 생각의 순간'에 깊이를 만드는 핵심단어 중 하나는 〈공감sympathy〉이다. 공감은 어디에나 열려있고, 무엇이든 우리의 마음을 연결할 수 있는 역량이다. 익숙하지 않은 단어, 문장, 이미지를 융합하고 내 것으로 만드는 과정의 필수요소이다. 그러나 우리는 공감을 잘 하는 것 같지만, 그렇지 않을 때가 많다. 지난 일주일간 타인을 깊게 공감한 일이 있느냐고 질문해보라. 혹은 내가 하는 일이나 배움과 관련하여 공감한 부분이 있느냐고 물어보라!

공감은 어떤 상황에 대한 원인과 결과를 모두 알고 깨달음이 채워졌을 때 고개가 끄덕여지는 행동이다. 그것이 정확하게 이해가 되지 않았다면 고개를 끄덕일 수 없다.

공감을 방해하는 주요요인은 자신의 고정된 시각이다. 방향성과 고정관념은 다양하게 볼 수 있는 우리의 시야를 막는다. 한쪽으로만 향하는 방향과 상대를 보려 하지 않는 마음은 갈등과 문제를 만든다.

인간의 의식표면에는 수많은 생각의 순간으로 뒤덮여 있다. 의식의 흐름이 자유연상을 만들며 일상의 배움과 경험, 관계성에서 끊임없이 작용한다. 일반적인 의식의 생각은 뾰족하거나 지혜롭지 않아서 많은 기우(杞憂)를 포함하고 있다.

이러한 기우 생각 덩어리를 날카롭거나 예리하게 혹은 뾰족한 생각으로 만들어주는 연상 매체가 무의식의 추상적 이미지이다.

일상의 얕은 생각을 잠재우는 방법은 불필요한 생각 덩어리를 다른 생각과 융합, 연결하여 핵심단어를 만들고 단어에 떠오른 이미지로 문장을 만들어 기우를 다른 관점에서 바라보게 하는 것이다. 그러면 문제의 본질과 의도는 읽히고 잡생각은 저절로 사라지며 갈등과 문제는 다듬어지고 정교화된다. 이것이 생각에너지의 뾰족함이다.

삶에서 일어나는 여러 사건과 이슈에 대해 우선순위의 정리작업을 하지 않으면 중요하지 않은 일에 에너지를 모두 사용하는 반복적 일상으로 피곤한 하루하루를 반복하게 된다.

이처럼 의식의 생각공간에서 뿌리와 근원을 찾고 에너지를 만들려면 무의식의 추상적 이미지로 내려와서 새로운 생각이 떠오르기를 기다려야 한다. 에너지로 생긴 빈공간에는 호기심이 들어가며 거기에 융합된 생각이 또 다른 상상과 만나 창의성이 발현된다.

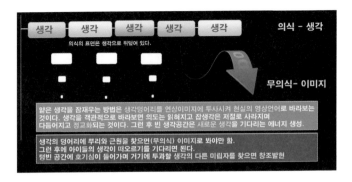

FIFUSION | 무엇이든 바꾼다!

생각의 순간을 업무에 적용하면 첫째, 몸이 바뀐다. 이는 하버드 심리학자 랭지의 실험이다. 호텔 청소부 84명을 대상으로 하루에 평균 15개의 룸을 청소하는 움직임에 칼로리를 계산해서 42명에게는 알려주고 나머지 42명에게는 알려주지 않았다. 평소 혈압이 높고 배가 불룩하며 운동할 시간이 없다고 불평하던 사람들은 여전히 15개의 룸을 청소하는 일이 스트레스였고 힘든 하루였다.

그러나 몸의 변화를 상상하며 청소활동의 효과성을 알고 있는 청소부에게는 6개월 후에 뱃살도 줄고 혈압도 떨어지고 삼중 턱이 사라지는 차이를 보이기 시작했다. 내가 하는 일상의 일이 다르게 인지되어 생각만 바꾸어도 몸에 반응하며 다른 결과를 만든다.

둘째, 물질도 바꾼다. 캐나다 맥길대학 생물학자 그래드의 실험이다. 화분에 보리씨앗 20개를 심어두고 물의 호감도가 다른 사람에게 물병을 잡고 씨앗에 물을 주게 했다.

1) 물을 좋아하는 자연주의자
2) 정신이 혼란한 정신병환자
3) 정신병 환자지만, 물을 좋아하는 사람
4) 아무도 잡고 있지 않은 물병

과연 어떤 물병의 물이 보리 씨앗을 잘 자라게 할까요?

셋째, 형태를 바꾼다. 에모토 마사루박사의 유명한 물입자 실험이다. 물병에 사랑, 감사란 글씨를 써놓은 물병의 물은 예쁜 육각수를 만든 반면, 악마, 사탄을 써 놓은 물병의 입자는 찌그러져 있다. 이것은 물병을 바라보는 사람의 생각이 물에 전달되어 나타난 결과이다.

상상하는 인류, 꿈꾸는 인간
상상하는 인류의 힘은 꿈을 현실로 만든다!

'씰'코칭
Creative Image Language COACHING

창의 이미지 언어 문제해결

제2부
지식을 생성시키는 씰CIL창의이미지언어

* 씰교육의 개념, 철학, 가치들
* 씰교육의 고유성과 목표
* 생각의 순간, 새로운 지식을 생성시켜라!

CIL 창의이미지언어 교육개념, 철학, 가치들

인간의 다양한 사고를 〈4가지 유형〉으로 정리하여
사고유형과 연결된 〈10가지의 창의역량〉을
향상시키기 위해 〈읽고, 그리고, 연상하고, 토론〉하는
교육과정으로 〈생각하고 질문하는 힘〉을 습득,
신(新)성장동력으로 활용하는 언어교육이다.

챗GPT에게 창의이미지언어를 물었다.

사람들의 아이디어를 시각적으로 전달하고 표현하기 위해
사용하는 언어 형태로 이미지, 도표, 아이콘, 색상, 폰트등
다양한 시각적 요소를 활용하여 정보를 전달하는 것을 의미한다.

창의적인 이미지언어는 일상 생활에서 광고, 마케팅, 디자인,
영상 제작, 그래픽 디자인, 음악, 미술 등
다양한 분야에서 활용될 수 있으며,
강력한 시각적 효과와 개성적인 표현을 통해 아이디어(생각)와
메시지(교훈)를 전달하는 데 도움을 준다.
이는 효과적인 커뮤니케이션을 위해 필요한
창의성과 시각적인 사고를 요구하며,
개인이나 조직의 아이덴티티를 나타내는 데에도 활용된다.

창의이미지언어는 생각의 순간에 떠오른 인간의 상상력을 공감과 만나도록 코칭한다. 공감은 호흡이 긴 깨달음과 같다.

뭐 하는 분이세요? 물으면
'나는 교육학자입니다'라고 답한다.

그러나 어릴 적 열심히 공부한 기억보다는 밤늦도록 친구들과 온 동네를 뛰어다니며 놀았던 어린 시절이 많았음을 고백(?)하며 〈공감 이야기〉를 시작한다.

해가 질 때까지 무엇을 하고 놀까? 고심하며 열심히 〈놀play〉방법을 생각하고 하루하루를 보낸 것이 지금 얼마나 소중한 자산이 되었는지 모른다.

어릴 적 하루하루가 다양한 에피소드로 저장된 기억창고는 창의적인 상상력이 필요할 때마다 적절하게 나의 공감이 잘 살아나도록 연결해 주는 '상상도서관 저장창고'가 되었다.

창의이미지언어 교육은 첫째, 어릴 적 딴생각을 잘 활용하여 특이하고 선례가 없는 미래 교육에 필요한 보편적사고와 철학적사고의 융합과 분열과정을 체험하게 한다. 일상의 불편한 문제들을 발견하고 공감하며 창의적인 문해력을 높여 색다른 문제해결방법을 이미지로 정리하는 언어교육이다.

둘째, 입체사고(보이지 않는 이면의 생각이나 감정이나 행동)의 습득을 위해 다양한 상황을 이해하는 학습 미션으로 여러 매체를 사용하는 교육이다.

이 과정의 교육미션은 하나의 관점만을 가진 평면사고자에게 다양한 시각을 갖도록 이미지를 활용하여 입체사고자로 전환하도록 교육하는 것이며 주요 방법은 에니메이션의 움직이는 이미지 기술이다. 이는 창의적 사고의 깊이와 시각을 확장하는 데 효과적이며 교육을 받다 보면 오랜 시간 굳어져 있던 생각이 다른 각도에서 떠오르는 자신을 발견하게 된다.

셋째, 이미지는 인간의 마음이 밖으로 드러나는 심상이다. 사람의 마음속 무늬를 다루는 심리학은 빠질 수 없는 교육 매체이다.

최근 자신만을 생각하는 감정과 행동으로 심각한 인성 관련 사회문제가 발생한다. 인간을 깊이 이해하고 상황에 대한 본질을 알아차리는 능력이 부족해서 일어나는 일이다.

본질 사고란 그것이 본래 그것인 이유이다. 이런 철학적인 사고를 습득하기 위해서는 인문고전을 읽고 정리된 본질 사고를 토론하는 것이 중요하다.

그러나 디지털미디어 일상으로 독서력과 문해력은 현저히 떨어지고 아동, 청소년 혹은 부모나 교사들까지도 인문고전을 읽고 자기 생각을 정리하는 것은 어려운 상황이 되었다.

창의이미지언어
CREATIVE
IMAGE
LANGAGE

읽 기 READING

그리기 DRAWING

연 상 THINKING

토 론 DEBATE

STP CARD story telling

지난주 애진이는 학교에서 급식당번을 하던 중

된장국을 떠주다가 팔이 부러지고 인대가 늘어났습니다.

국자가 너무 무거웠나 봅니다. ^^

씰교육의 고유성과 목표

몸을 움직이며 공부해요!

소리를 내며 리딩해요!

친구의 의견을 경청해요!

차이를 관찰해요!

이미지로 생각을 연결해요!

호기심과 재미에 집중해요!

생각의 핵심을 단어로 만들어요!

나열하고 연결해요!

마음속 생각으로 만드는 이미지 스토리텔링 교육

창의성유발 생각하는 교육

지식의 깊이를 알고 자신의 진로를 찾아가는

창의이미지언어독서 질문하는 교육

CIL 창의이미지언어[4]는 아동, 청소년, 교사, 학부모가 책을 읽으며 떠오르는 상징성(이미지, 소리, 숫자, 색 등)을 활용하여 생각을 연결시키고 핵심단어와 문장을 아이디어로 증폭시키는 과정이다. 이는 문해력의 가소성을 높여 일상에 새로운 생각을 만들며 독서의 이해력을 높여준다.

인문고전과 이솝우화의 글을 읽고 생각을 융합하여 글을 좀 더 재미있고 깊게 읽을 수 있도록 교육하며 독서에 푹 빠질 수 있도록 호기심을 자극하여 마음속 생각을 자신의 스토리텔링으로 마칠 수 있도록 도와주는 생각 정리의 기능이 있다.

많은 사람이 일상의 소소한 생각을 사소(쓸少)하게 흘려보내며 산다. 그러나 세상에 드러난 혁신적 변화는 작은 생각이 모여 만들어진 것이 대부분이다.

그런 측면에서 혁신적 사고에 필요한 상상력 조각은 평소에 잘 챙기고 모아둘 필요가 있다. FUFISION 생각유발방법은 글을 읽고 떠오르는 뾰족한 생각의 순간을 문해력으로 잘 그려낼 수 있도록 생각의 무늬를 결과물로 생성시킨다.

〈창의이미지언어로 생각의 순간〉을 그리는 3단계이다.

*첫째, 창의(想像, fifusion)언어로 생각그리고

*둘째, 창의(想像, fifusion)언어로 이미지그리고

*셋째, 창의(想像, fifusion)언어로 문장그린다

위 3단계의 결과물은 독서로 함께 참여하는 학생들에게 다양한 상상유발, 배움의 깊이와 의미를 끄집어내서 생각의 한계치를 높이는 과정과 결과의 명확성을 무늬(이미지)로 보여준다.

---

4) 창의이미지언어(創意, Creative Imagination language)

다음 세대에게 지식을 남기는 일

 5천 년 전 이집트시대에 쓰였던 상형문자는 사물을 본떠서 그것에 관련된 사람의 마음속 표상, 상상, 개념(생각의 동의어) 등을 표현한 언어이다. 사람이나 동물 또는 사물을 그려서 그 당시의 일상생활을 세세하게 이해하도록 돕는 문자이다.

〈파라오의 상형문자〉

 이집트의 여러 벽화에 새겨있는 그림들은 마음속 생각을 이미지언어로 재현하는 원리를 우리에게 알려준다. 오늘날, 그것이 이집트의 오랜 역사를 알게 해주는 흔적의 연결고리가 되기도 한다. 이 흔적으로 현재를 사는 우리는 그 시대의 삶의 지혜가 무엇인지 공감하고 배우는 자산이 된다.

 대한민국은 전 세계적으로 한류의 팬덤을 만들어내며 한국언어에 대한 이슈를 만들었다. 세종대왕이 창제하여 대한민국의 모든 국민이 사용하는 한글은 표음문자 중에 가장 진보한 언어다. 표음문자 phonogram는 사람이 말하는 소리를 기호로 나타낸 문자이다. 결국 소리와 글자의 특징을 연결시킨 상관관계가 의미로 표현된 매우 창의적인 언어이다.

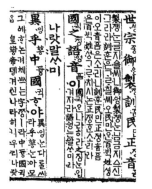

〈훈민정음〉

한국어는 유네스코에 등재된 고유하며 창의적인 대한민국 언어이다. 그런 이유로 한국어를 활용하여 새로운 생각과 섬세한 감정, 독창적인 관점을 만들고 습득하는 교육도구로 활용한다는 것은 당연한 생각이다.

현대인은 관계의 중요성과 다양성을 인정하는 세상에 살고 있으면서도 많은 문제와 갈등에 직면하여 문제를 해결하는 데 필요한 공감과 소통언어를 갖고 있지 못하다. 그만큼 마음속 생각을 지혜롭게 정리하고 표현해야 하는 부담도 커지게 되었다.

가정과 학교, 회사 등 모두가 행복한 소통을 해야 하는 관계성에서 만족스러운 공감을 하지 못하는 상황이 많아지고 그 방법을 찾는 것도 점점 어려워져만 간다.

기성세대가 해야 할 일은 지금의 생각과 소통의 일상들을 창의적으로 풀어가는 사고방법을 정리하여 다음 세대들이 알 수 있는 흔적(교육법)으로 남겨야 한다. 이것이 미래 세대들에게 좀 더 나은 삶의 환경을 물려주기 위한 우리의 의무이다.

생각의 순간, 새로운 지식을 생성시켜라!

찰나moment라는 말이 있다. 어떤 일이나 사물 현상이 일어나는 바로 그때를 말한다. 매우 짧은 시간이며 명주실이 한 번에 끊어지는 짧은 시간을 64찰나로 정의해서 시간으로 환산하면 나오는 0.013초라는 개념이다. 인지하는 것보다는 감각적으로 느껴야 이해되는 단어이다.

생각의 순간에 어떤 것을 연상하려면 '몰입'이 필요하다. 그래야 하나의 이미지가 다른 하나의 이미지를 불러일으키는 현상이 일어난다. 이 순간을 사진으로 잘 남기는 찰나의 거장 앙리 카르티에 브레송은 '생 라자르 역'이라는 작품으로 그의 예술적인 감각을 인정받았다. 순간에 대해 그가 한 말이다.

"나에게 있어 사진이란,

순식간에 어떤 대상이 갖는 의미이며

또한, 그 이벤트에 어울리는 표현이 주는

정밀한 형태구성에 대한 동시적 인식이다. "

"To me, phothgraphy is the simultangeous recognigion,

in a fraction of a second, of the significance of an event as well

as of a precise orgnization of forms which

give that event its proper expression. "

아침에 눈을 떠서 저녁에 눈을 감을 때까지 우리는 수많은 생각의 순간을 맞이한다. 이런 순간은 주로 인간의 오감과 연관되어 온다. 듣고 보고 만지고 쓰며 생각하고 느끼게 하는 찰나의 모든 순간에 생각은 머물고 있다.

혹은 누군가에게 질문을 받는 상황이면 생각은 반드시 등장해야 한다. 배움에 처해있는 학생들이 하루 중 교사에게 가장 많이 해야 하고 들어야 하는 것은 〈질문〉이다.

그러나 요즘 사람들은 누군가에게 잘 묻지 않는다. 일상에 어느 순간 질문은 사라지고 스스로 검색해서 이해하고 처리하는 방법으로 혼자 공부하며 배운다.

알아서 잘해라! 우리 아들은 알아서 잘해요!

잘 생각하려면 타인의 말을 잘 들어야 한다. 경청이라는 것을 잘해야 하는데, 듣는 것이 습득되기 어려운 이유는 혼자서 할 수 없기 때문이다. 읽는 것, 말하는 것, 쓰는 것은 혼자서 할 수 있다. 그러나 질문이나 듣는 훈련, 토론은 혼자 할 수 없다. 그래서 어렵다.

최근 개발된 챗GPT는 생각의 순간을 더 무디게 만들고 있다. 그래서 그런지 생각이 돈이 되는 세상이 왔다고 말하는 사람이 더 많아졌다. 조금 더 자세히 말해주고 다른 사람이 인식하지 못하는 생각의 가치를 찾거나 만들어주는 직업이 등장할 것이다.

그렇다면 우리는 하루에도 수없이 직면하는 〈생각의 순간〉을 어떻게 대하고 그 속에서 의미와 가치 있는 질문을 어떻게 만들어 쓸모있는 지식과 지혜로 사용할까 고민해야 한다.

무엇을 할 때 향상되는 것들일까?

01. 예민한 감수성 　　02. 금전에 자유로움

03. Sense of Destiny 　　04. 적응적

05. 모호성 익숙 　　06. 관찰력

07. 위험 감수 　　08. 가능성 확인

09. 주로 질문

10. 본능적 종합감각

11. 확실한 마무리 　　12. 유연성

13. 능수능란 　　14. 상상력

15. 직관적 　　16. 원조

17. 기발 　　18. 열정적

19. 유머 감각 　　20. 자기주도

21. 자기실현욕구 　　22. 스스로 학습

23. 구체적인 관심 　　24. 다각적 사고

25. 호기심 　　26. 무한 가능성

27. 독립적 　　28. 신중

29. 관행에서 자유로움 　　30. 확신감

31. 다른 시각의 지각력 　　32. 인내심

정답은 생각이다. 생각은 말 그대로 질문을 받을 때 가장 잘 떠올리게 된다. 인간은 질문을 받는 순간 생각을 떠올리고 생각의 순간에 몰입하는 순간 32가지의 역량이 상승한다.

> "그러므로 어릴 적 질문을 잘 받지 못한 아이와
> 많은 질문과 토론으로 성장한 아이의 차이는 크다."

그렇다면 질문이 가장 많이 있어야 하고 일어나야 하는 곳은 어디인가? 그것은 학교 교실이다. 교실은 교사가 학생에게 질문을 통해 배움을 가르치는 곳이다. 이 공간에서 질문으로 학생들을 가르치지 않는 교사는 학생에게 32가지의 효과를 가르치지 않는 교사이며 나쁜 교사가 된다.

코로나 이후에 많은 강연이 오픈되고 있다. 이 강의가 내게 좋은 강의일까? 아닐까? 구별하기란 쉽지 않다. 그저 강사의 이력과 경험적 자료를 보고 참여 선택을 한다.

개인적으로 나는 이 강의가 내게 도움이 되었다 혹은 도움이 되지 않았다! 라는 평가의 기준은 그 강사가 청중들에게 강의 중에 질문하는가 하지 않는가에 달려있다고 생각한다.

이제 자신이 준비한 강의 내용을 카리스마 있게 전달하는 강사가 훌륭한 강사로 평가받는 시대는 지나갔다. 세상엔 말 잘하는 사람이 너무도 많고 강의 잘하는 사람은 더 많다. 이제는 그 강의를 듣고 있는 청중들에게 마음속 결단과 의지를 하나라도 끄집어내서 정리하게끔 공감시켜서 강의장을 나가게 하는 강사가 좋은 강사로 평가받는 시대가 왔다.

생각의 순간에 생성되는 새로운 지식

창의이미지언어 CIL Class는 생각하고 연상하고 그리고 토론하는 4단계 과정에서 단계별로 생성되는 결과물을 이미지로 만들어야 한다. 간단한 이솝우화를 읽고 학생들은 그 글의 상황속에서 전하려는 핵심 단어를 결정한다. 결정된 핵심단어와 연결되어 떠오르는 경험과 지식을 토론한다. 자신이 경험한 에피소드도 좋고 책 속의 지식도 좋고 친구에게 들은 이야기도 좋다. 엉뚱한 딴생각orginal이 떠올라도 토론에 좋은 재료가 된다.

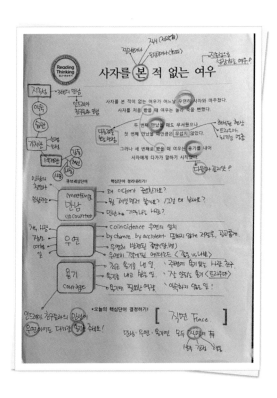

우화 토론으로 만든 3개의 핵심단어로 하나의 최종단어를 만들면 FIFUSION의 생각의 순간이 온다. 〈직면face〉이라는 최종 핵심단어로 연상하여 3개의 이미지를 만들며 생각의 분열과정을 거친다. 만들어진 이미지는 핵심단어인 직면과 융합하여 각각의 문장으로 다시 분열된다. 만들어진 3개의 문장은 친구들과 나누고 최종 토론 문장으로 정리한다.

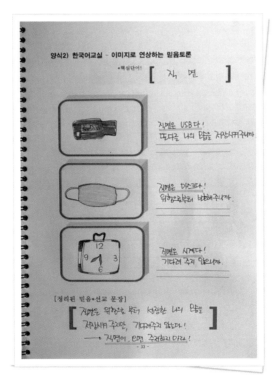

생각의 융합과 분열〈FIFUSION Draw〉
이미지언어와 문장의 생각에너지 생성

Orientation
이미지를 활용한 창의적인 자기소개법

-소개양식

〈양식 작성설명〉

자신의 이름 한 글자마다 떠오르는 이미지를 연상하여 3개의 그림을 그려봅니다. 김씨면 끓는 주전자의 김이나 먹는 김^^

아래 5줄은 자신을 설명해주는 5문장을 작성하면서 4개의 문장은 진실, 1개의 문장은 거짓으로 만들어 완료한 이후에 거짓 문장을 찾는 퀴즈로 자기소개를 진행합니다.

K ∗ STORY

나를 소개합니다!

∗ 일시 :   ∗ 이름 :

자신의 이름을 이미지로 그려보세요!

자기를 소개하는 4개의 진실문장과 1개의 거짓문장을 만들어 보세요!

1

2

3

4

5

K ∗ STORY

제3부
창의이미지언어 이론 찰(察)하기

*창의'S' 이론 Creativity Ability Theory
*생각순환이론 FIFUSION Circle Theory
*사고유형분석 및 10대 창의역량
*이중부호화 이론 & 스키마 이론 Schema Theory

창의'S' 이론 creativity ability theory

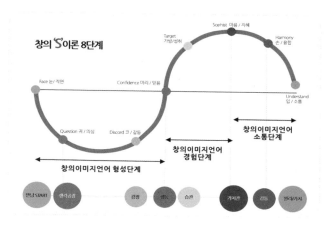

1. 창의이미지언어가 형성되는 단계

1단계 〈직면face역량을 눈eye〉으로 느껴라!

2단계 〈의심question역량을 귀ear〉로 들어라!

3단계 〈갈등discord역량을 코nose〉로 훈련하라!

2. 창의이미지언어의 지식을 확인하는 단계

4단계 〈믿음역량은 머리head〉로써 이해하라!

5단계 〈성취동기achievement motivation'역량은 마음heart〉

3. 창의이미지언어의 지식을 소통하는 단계

6단계 〈지혜sophist역량은 손hand〉의 기능과 연결된다.

7단계 〈융합harmony역량은 발foot〉로 뛰며 찾는 것

8단계 〈소통understand역량은 겸손한 입mouse〉으로 실현

1. Face/직면단계/눈 : 무엇에 직면했는지 바라보라!

〈1단계 직면단계 - 눈〉

일상에 익숙해진 고정관념 속에서 자신의 문제를 정확하게 바라보고 관찰하는 단계

*범주 - 일상의 믿음 말씀에 대한 고정관념을 경험하는 단계
*속성 - 문제를 정확히 보지 않기에 접점을 찾지 못해 회피 사고생성
*규칙 - 생각과 행동, 태도의 불일치로 오는 소통의 갈등인지

2. Question 의심단계/귀 : 불확실, 의심을 질문하라!

책 속의 정보만을 신뢰하여 그 외에 소통 활동에 장애를 갖는 단계

*범주 - 경청하지 못하는 의사소통, 정보의 원활한 소통장애
*속성 - 본질을 못 보는 시각, 신뢰없는 소통의 마음, 정신, 지성
*규칙 - 한 방향의 정보습득 & 의사소통단절 & 소속이탈

3. Discord 갈등단계(코) : 내 감정은 어디로 갈 것인가?

자기중심으로 모든 문제인지, 문제핵심을 몰라 갈등을 겪는 단계

*범주 - 문제해결 : 문제를 바라보는 자기중심적인 시각의 왜곡
*속성 - 기존의 정보와 지식의 간격차이, 사실의 인지
*규칙 - 창의적인 대안을 제시하지 못하는 관점과 사고, 행동

4. Confidence 믿음단계/머리 : 왜곡없이 머리로 보라!

자신의 지식을 신뢰하는 인문학적 사고로 배움의 가치관 형성단계

*범주 - 리더십, 책속의 글, 회사동료, 학교의 친구, 일상의 상황
*속성 - 소모임을 이끄는 긍정(공감)의 소통점
*규칙 - 자신의 활동성을 극대화시키는 출발점

5. Target 성취단계/마음 : 무엇을 얻고자 하는가?

다양한 분야에 창의관점과 호기심으로 배움의 명확성 효과상승단계

*범주 - 믿음의 방향성, 다양한 분야의 관점, 호기심의 성취 경험
*속성 - 목표의 명확성, 결과물
*규칙 - 목표에 대한 시간의 밀도상승, 생각, 행동으로 실행경험

6. Sophist 지혜단계/마음 : 실천적 나눔의 창의적사고

조화로운 사고와 감정과 의지로 독창적 사고가 생성, 일상의 배려와
감동이 나타나는 단계

*범주 - 스토리텔링 & 유머감각 & 말씀의 메시지
*속성 - 창의적이며 독창적 사고와 관계의 집중력이 상승
*규칙 - 논리적인 사고를 조화롭게 통제하는 추상적 사고 추구

7. Harmony 융합단계/손 : 융합사고로 나눔을 실행하라!

관계의 갈등을 분석하고 해결하는 통합적 사고능력이 습득되어 균형
을 이루는 실행단계

*범주 - 유창한 사고의 일상과 생각의 적용
         다양한 관심, 일상의 관심을 통합시키는 관점의 사고과정
*속성 - 다양한 사고들의 조합, 효과성과 목표의 과정 이해
*규칙 - 한가지의 아이디어, 문제, 갈등에 대한 다양한 해결점

<FIFUSION Draw - 몽골편>

8. Understand 소통단계/입 : 아이처럼 소통하라!

배움의 지식이 상대를 배려하는 창의적 언어선택으로 누구와도 쉽게
대화하며 소통하는 단계

*범주 - 유연한 사고와 지식을 가진 자들의 겸손한 소통
        겸손한 수준으로 지혜와 지식을 흘려보내는 유연한 사고
*속성 - 왜곡됨이 없는 지식의 문장이해, 창의적 관점의 사고
*규칙 - 일상의 모든 관계성에 수위를 조절하고 효과성 집중

FIFUSION Circle Theory 생각순환이론

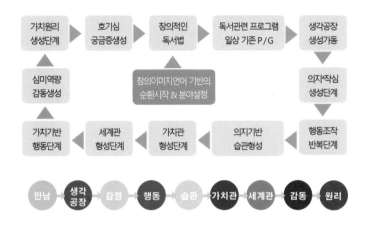

[1단계 흐름의 시작은 창의이미지언어 기반의 훈련시작]
일상에서 관심이 있는 분야의 호기심과 궁금증이 시작되는 단계

[2단계 흐름은 새로운 교육의 개념정리]
유발된 관심 분야의 호기심과 궁금증을 알아가는 단계로 내게 관련된
신념과 가치의 활용에 대한 정의를 내리고 정리하는 단계

[3단계 흐름은 창의독서교육 및 훈련참여]
2단계에서 정리된 개념에 필요한 여러 가지의 프로그램들을 알아보
고 선택 후 배워가며 습득하는 초기탐색 단계

[4단계 흐름은 생각공장을 돌리는 믿음단계]
〈FIFUSION〉으로 HOW? WHY? WHAT?의 궁금증과 호기심을
채워주는 교육의 방법들이 습득되면서 늘어나면서 의미와 연관된 상
상력들을 끊임없이 만들어내는 단계

[5단계 흐름은 행동의 성취단계]
4번째 단계에서 정리된 개념과 사고를 통해 끊임없이 떠오르는 생각
들의 방향성을 정하고 작심한 감정(의지)에 대해 행(行)동으로 옮기
는 단계〈생각의 완성체험〉

[6단계 흐름은 습관형성의 지혜단계
전단계의 행동학습에 지속성이 지원되면서 습관을 갖는 단계

[7단계 가치관과 세계관의 융합단계]
창의적 사고를 만드는 좋은 습관들이 만드는 핵심단어와 문장 및 이
미지언어로 깊어진 가치관과 세계관이 융합되는 단계

[8단계 세계관을 통한 감동단계]
융합사고로 만들어진 통합지성은 타인과 세상을 위한 일들이 일상으
로 적용되며 감동을 만드는 시각과 관점이 형성되는 단계

[9단계 가치와 원리는 만드는 초월단계]
사고의 깊이가 생기면서 일상에 주어지는 과제에 초월적 역량을 발
휘, 관심분야의 가치와 원리를 생성시키는 전문지식습득 단계

[10단계 새로운 호기심으로 배움의 소통을 찾는 단계]
FIFUSION 생각정리교육을 가르치고 나누는 일상의 소통으로
새로운 궁금증과 호기심을 다른 배움으로 연결시키는 단계

FIFUSION 사고유형 및 창의역량

 잠자는 유전자를 정리하면 생각에너지가 발생한다. 인간의 몸 안에는 50조 개의 세포가 있다. 그 세포 속에는 막으로 둘러싸인 핵이 있고 그 핵 속에는 유전자라는 약 30억 개의 막대한 정보가 들어있다. 약 1만 권의 책에 해당하는 분량인데, 그 속에는 〈이럴 때, 이렇게 작동하라!〉는 지시 정보도 있다. 이 세포 하나하나는 각각의 무늬를 갖고 있으며 살아 움직이는 하나의 독립체이다. 그래서 레오나르도다빈치는 인간을 하나의 사람이라기보다 거대한 소우주를 품은 공동체라고 말했다. 그런 의미에서 주변 사람에게 관심을 가는 것은 우주를 경험하는 것과 같다고 할 수 있다.

 몸 안에 수많은 세포는 강력한 힘을 지닌 축소판 공장과도 같다. 인간의 생각과 감정과 행동의 작업이 잘 진행되는 데 필요한 지시 사항은 몸 안에서 어떻게 작동할까?

 생각으로 입력되는 모든 지시는 각각의 세포 가운데 자리한 DNA와 핵 속에 담겨있다. 이처럼 DNA는 개인의 특성들(눈 색깔, 코의 모양, 심리적인 성향, 공감능력 등)에 관련된 모든 정보를 함유한다. 우리의 DNA는 부모 개개인의 DNA가 조합된 것이라 흔히 유전자 정보의 매개체라고 부른다.

구스타프 칼융5)은 '인간은 태어나면서부터 전체성을 갖는다'라고 말했다. 지구상에 사는 모든 생명은 완전히 동일한 암호를 사용하며 살아간다. 대장균에서 인간에 이르기까지 모든 생명체는 같은 원리에 의해 움직인다는 것이다. 그 기본단위는 세포이지만, 세포의 작용은 유전자에 의해서 결정되고 유전자는 동일한 원리로 작동된다. 그래서 인간은 풀과 나무를 보고 평온함을 느끼며 개와 고양이를 만나면 친근함을 느끼는 것이다. 모든 생물의 기원이 하나인 친족 형제이기 때문이다. 그러한 이유로 인간은 세상의 모든 것들에 대해 공감하고 그 느낌에 대한 스토리텔링을 가질 수 있다.

칼융은 '인간의 공감무늬를 집단무의식'으로 정리했다. 집단무의식은 이미 태어나기 전부터 내 몸속에 있는 습관과 버릇, 나와 관련된 알 수 없는 익숙함과 불쾌한 성향들, 내가 배우지 않았는데 호감이 가거나 이미 지닌 것을 포함한다. '공감의 집단무의식을 의식화하지 않으면 내 몸 안에 어떤 일을 할지 알 수 없는 괴물의 그림자를 갖고 살아가는 원시인과 같다'라고 말했다.

지속적인 혁신의 환경은 챗GPT같은 전문화된 인공지능을 일상에 출현시키고 인간의 단순한 역할과 기능에 대해 변화를 요구한다. 이는 인간만이 가진 고유한 것을 꾸준히 생각과 질문으로 찾아야 한다는 과제도 담겨있다. 이를 위해 특별히 집중해야 할 배움을 다보스포럼의 회장 클라우스 슈밥은 〈영혼, 정신, 마음, 몸〉에 관련된 4가지의 핵심 단어로 강조한다.

FIFUSION Testing은 클라우스 슈밥이 언급한 영역에서 인간의 다양한 사고를 4가지 형태로 분류하여 인간의 공통점과 세분화된 생각, 감정, 행동을 이미지언어의 관점으로 바라보고 무의식의 사고를 불러내어 정리하는 기능도 코칭한다.

---

5) *(Carl Gustav Jung)* 의사, 심리학자. 1875~1961 스위스 정신분석학자)

FIFUSION Testing은 인간의 다양한 사고유형을 생각과 감정과 행동의 4가지 역량으로 분석하고 코칭한다.

무엇이든 상상하는 나!

융통성Flexibility 집중핵심단어로 FIFUSION Coaching

원형사고는 외부와의 공감이 어려운 유형이다. 인간이 인간인 이유가 나에게 있기 때문이다. 대인관계에서 회피하는 경향도 흔히 보인다. 자기중심성(자기애)이 강하여 자폐적인 성향으로 마음과 행동의 문을 닫고 열어주지 않는다.

이 성향의 사고유형은 주로 공감역량과 관계성, 자기애의 균형과 조화를 갖기 위한 생각의 정리가 필요하다.

핵심컬러는 파랑색이며 융통성을 성장시키는 훈련으로 자신과 타인의 존재를 인정하며 외부의 관계성을 알아가는 학습이 요구되는 유형이다.

정해진 길을 찾는 나!

정교성Elaborate 집중핵심단어로 FIFUSION Coaching

병렬사고인 네비형리더는 테두리system안에 갇혀 사고하는 것에 익숙하다. 평생 열심히 일하고 배우며 기술을 습득하고 자신의 분야에 전문성을 갖는다. 조직의 위치를 중요하게 여기며 그 위치에 맞는 업무와 위계질서도 잘 지킨다. 그러나 늘 기술경쟁에 스트레스를 받고 과중한 공부와 업무량에 시달린다.

이 유형의 장점은 빠른 속도감과 정확성을 기반으로 한다. 그러나 업데이트가 되지 않았을 때는 생각과 감정과 행동에 버퍼링이 일어난다. 그래서 인간이 인간인 이유가 기술력에 있다고 주장한다. 이 유형의 주요 핵심역량은 문제해결과 집중력이다.

핵심컬러는 빨강이며 모든 상황에 원인과 결과를 예상하며 설계하고 시작과 종결이 익숙한 일상을 즐긴다. 아쉬운 것은 스스로 길을 찾는 것에 약하며 만들어져 있는 시스템과 틀 속에서 자신의 길을 찾는 것을 편안해한다.

관계를 맺는 나!

유창성Fluency 집중핵심단어로 FIFUSION Coaching

통합사고인 공감형리더는 자신과 타인 사이에서 발생하는 이슈들에 대해 감정통제를 잘하는 유형이다. 다양한 생각과 감정과 행동을 연결하고 연상하는 데 자유롭다.

이 유형의 핵심역량은 실행력, 소리와 정서역량이다. 특별히 타인의 소리를 잘 듣는 경청역량이 탁월하다. 내 존재의 이유는 낮추고 타인을 이해하며 섬기고 배려한다.

핵심컬러는 녹색이며 자부심과 견교함으로 내적인 우월감은 매우 강한 사고유형을 갖고 있다. 공동체나 조직내에서 조화에 신경을 쓰며 자신의 주장은 명확하게 전달하는 소통방법을 쓴다.

음악전공자나 절대음감을 가진 학생에게 최적화된 사고유형이다. 아울러 이 사고유형을 성장시키려 한다면 유창성을 강화시키는 이미지언어 훈련을 통해 다양한 이미지를 단어와 문장으로 연상하고 융합하는 FIFUSION 이미지언어 정리스킬이 필요하다.

원리를 발견하는 나!

독창성Creative 집중핵심단어로 FIFUSION Coaching

인간이 인간인 이유는 신(종교)에게 있다.

초월사고는 상징형 리더로 소통과 공감을 통해 사용하는 생각과 감정과 행동에 느긋함을 즐기는 유형이다. 감정통제가 자유롭고 자아의 긍정적 발달로 지나온 시간의 경험들이 주관적 행복감으로 가득하여 갈등과 문제해결에 필요한 이미지언어를 생성시키고 연상하는 것이 즐겁다.

핵심단어는 독창성creative이며 컬러는 보라색이다. 연결된 핵심역량은 감정통제와 연상력으로 기존의 것과는 아주 다른 새롭고 독특한 것을 생각해내는 사고가 발달한 유형이다.

창의사고의 이상적 목표는 사고의 독창성을 추구하는 데 있다. 이는 기존의 사고방식으로는 얻을 수 없으며 일반적인 사람들의 학습방법 및 문제해결 방식에서 벗어나 자기만의 독특한 아이디어를 표현하고 연결하는 상징적 이미지언어로 학습된다.

도형 & 독서

공감각이 있는 사람들은 평범한 세상을 전혀 평범하지 않은 방식으로 경험한다. 단어나 글자에서 맛을 느끼고 음악과 이름에서 색을 보고 숫자가 공간 속을 미끄러지듯 날아다닌다.

-제이미 워드 Jamie Ward 영국 인지신경과학 교수

도형 속 심리를 공감하라!

FIFUSION 코칭에서 중요하게 사용하는 도형은 [○ □ △]이다. 3가지 도형만으로 주어진 양식에 간단히 그림을 그려보게 함으로써 선호하는 도형, 크기, 위치, 배열에 따라 타고난 선천기질과 후천기질을 10가지 역량으로 발견하고 현재 형성된 성격, 적성분석, 심리상태 등을 파악하여 자기 자신을 발견하고 내면의 자아를 이미지언어로 정리함으로써 잠재력을 성장시킨다.

창의적 문제해결역량

일상의 갈등과 문제들을 발견하고 이해하며
해답을 찾아 해결하는 FIFUSION Draw Class

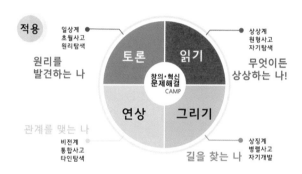

영역	분석항목
자기혁신과 정서적 태도	고정관념 & 편견 & 공감성격 성취동기 & 실행욕구
창의지식 표출	새롭게 지식보기 & 상상력(독창성) 이미지화 및 창의적 연상(유창성)
행동 & 실행	구체적 문제의 진술과 표현(문장화) 상상하기! 대안모색, 창의적 행동유발

색 & 소리

누구도 해낸 적 없는 성취란,
누구도 시도한 적 없는 방법을 통해서만 가능하다.
-프랜시스 베이컨

오감으로 배우는 생각정리법

독 서 READING　소 리 SOUND　색 & 향 COLOR & SCENT　이미지 IMAGE

색의 상징으로 리딩하는 니체교실

독 서 READING　소 리 SOUND　색 & 향 COLOR & SCENT　이미지 IMAGE

소리로 연상하는 논어교실

독 서 READING　소 리 SOUND　색 & 향 COLOR & SCENT　이미지 IMAGE

FIFUSION
<생각의 순간> 코칭진행단계

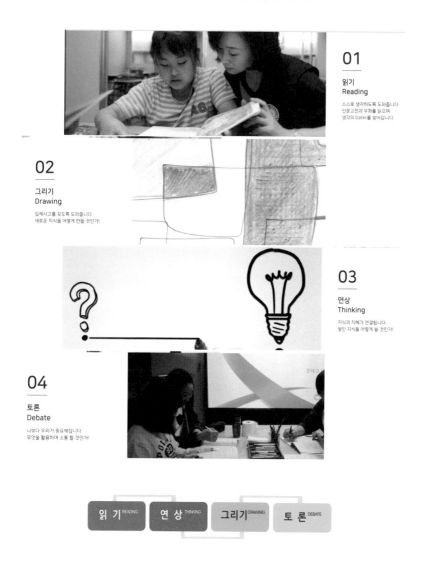

01

읽기
Reading

스스로 생각하도록 도와줍니다
인문고전과 우화를 읽으며
생각의 Date를 쌓아갑니다.

02

그리기
Drawing

입체사고를 갖도록 도와줍니다
새로운 지식을 어떻게 만들 것인가!

03

연상
Thinking

지식과 지혜가 연결됩니다
쌓인 지식을 어떻게 쓸 것인가!

04

토론
Debate

나보다 우리가 중요해집니다
무엇을 활용하여 소통 할 것인가!

읽 기 READING 연 상 THINKING 그리기 DRAWING 토 론 DEBATE

FIFUSION 성장역량의 변화

창의성은 타고나는 것일까? 만들어지는 것일까? 칼비테의 영재교육법을 서술한 기무라 큐이치는 타고난 천성보다는 후천적 교육환경이 중요하다고 말한다. 자녀가 영재로 태어났다면 더없이 기쁜 일이겠지만, 대부분의 사실은 절대로 그렇지 않다. 그러나 자녀를 영재로 키워내는 부모는 많다. 특별한 자녀의 교육법은 분명히 있는 것이다.

그렇다고 선천적으로 타고난 천재적인 유전자DNA만을 믿고 노력하지 않는다면 그 결과는 불 보듯 뻔하다. 결국, 선천적인 역량과 후천적인 교육환경을 잘 활용하여 개인적으로 갖고 있는 창의적 유전자를 잘 만들고 활용하는 것이 중요하다.

창의이미지언어로 핵심단어와 문장을 정리하는 FIFUSION 이미지언어교육을 여러 해 경험한 사람들(아동~시니어)은 위에 4가지 영역에서 중요한 변화를 보였다. 첫째는 일상에 그려지는 이미지에 자기 생각이 더해진 것이고 두 번째는 이미지에 자기 이야기가 더해진 것이고 세 번째는 글을 읽고 그 글에서 중요한 것이 무엇인지 선별하는 능력이며 네 번째는 미래를 예측하는 통찰사고가 생성된 것이다.

행복한 천재를 만드는 FIFUSION에 필요한 자극은 무엇일까? 인간이 만든 모든 교육에는 장점도 있지만, 결함도 있다. 완벽한 교육이라도 그것을 가르치는 교사의 부족한 역량이나 과도한 욕심은 갈등과 문제를 만든다.

창의이미지언어연구소CIL LAB는 교육의 효과적인 창의학습역량이 발현되기 위해 다음의 10가지 역량을 중요하게 다룬다.

생각 DNA데이터 + 창의역량코칭
신(新)성장동력으로 미래진로를 찾는 코칭분석
삶의 가치를 질문으로 찾는 창의교육적용

창의핵심역량

공감력	실행력
대인관계	소리*경청
자기애	정서안정
문제해결	감정통제
집중력	연상력

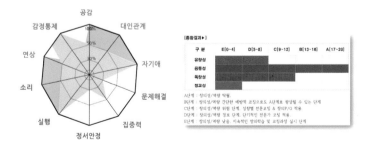

유창성　독창성　융통성　정교성

이중부호화 이론 & 스키마 이론

　이중부호화이론Dual Coding Theory은 책 속의 글을 읽으면서 인지하는 모든 지식에 대하여 다양한 감각*시각*텍스트 등의 언어로 표상하면 기억이 향상된다는 이론이다.
　'바다'을 부호화할 때, '바다'라는 단어뿐만 아니라, 심상(그림, 소리, 냄새 등)까지 같이 기억하는 경우에 심상이나 단어 중 하나만 찾아도 그 항목을 재생할 수 있다.

　즉, 하나의 핵심(근원)단어에 표상하는 두 개의 기억 부호를 가지면 하나의 기억 부호를 갖는 것보다 그 항목을 재생할 확률(2배 이상)이 증가한다.

　스키마이론Schema Theory은 누적된 학습이 기억속에 저장된 지식이다. 최적화된 생각을 찾아 연상하고 현재의 핵심단어에 관련성을 찾도록 도와주는 기능으로 과거의 배경 지식이 현재에 새로운 배움에 지속적으로 영향을 준다는 이론이다.

　과거의 반응이나 경험 때문에 생성된 생물체의 지식 또는 반응체계로서 향후 직면하는 환경에 대해 적응하고 대처하도록 돕는 역할을 담당한다.
　감각과 지성의 선험적 인식에 대한 핵심개념은 칸트(Kant)가 언급했다. 인간의 감각과 범주화된 지성을 이용하여 대상을 인지하는 과정에서 이 둘을 연결해주는 매개체가 필요한데, 과거의 반응이나 경험 때문에 생성된 지식 또는 반응체계로 현재의 환경에 대해 적응하고 갈등과 문제를 해결하는 데 필요한 대처능력의 역할을 담당하게 한다.

FIFUSION Draw

제4부 생각에너지를 폭발시키는
FIFUSION 훈련법

*생각의 근육을 키워라
*생각의 핵심을 찾아라
*생각의 무늬를 읽어라
*생각의 융합시켜라
*생각을 변형시켜라

생각의 근육을 키워라

FIFUSION Draw의 목표는 지금까지 배움의 과정에서 습득된 자신의 히스토리에서 〈창의적〉이라는 단어를 하나 넣는 것이다. 기존의 히스토리와는 다른 변화를 체크해보자.

창의적 히스토리의 사고력을 갖기 위한 첫 번째 훈련단계는 생각의 근육을 키우는 것이다. 지금의 교육은 깊은 호흡이 아닌 짧은 숨을 쉬게 하는 교육이 많다. 요즘 청소년들은 어떤 상황에서 질문을 받고 답을 생각하다가 중간에 멈춰버린다. 식당에 가서 간단한 메뉴 하나도 결정하지 못하는 일이 발생하고 자신의 판단과 결정이 점점 줄어드는 일이 많아진다. 일상에서 생각의 근육을 키우려면 형상화작업에 집중해야 한다. 일상에 있다고는 하지만, 그것을 느끼거나 보거나 상상하지 못하면 생각은 현실이 되지 않는다.

아인쉬타인은 "생각에서 필수적 역할을 수행하는 실체들은 일종의 증후들이거나 분명한 이미지이고 내 경우 그런 이미지는 때때로 근육까지도 갖추고 있다" 말했다.

생각의 근육이 필요한 이유는 다양한 측면에서 개인의 성공과 창의적인 역량을 높이는데, 중요한 역할을 하기 때문이다. 단단해진 생각 근육은 이런 기회를 얻도록 도움을 준다.

첫째로 남다른 문제해결이다. 생각의 근육이 강화되면 복잡한 갈등과 문제를 분석하고 해결하는 능력이 향상된다. 문제를 다양한 각도에서 접근하고 독창적인 아이디어를 생성해내는 생각이 이미 지언어와 만나면 해결 방법은 색다른 무늬를 띄게 된다.

둘째로 변화를 만드는 창의적 시각이다. 생각의 근육은 창의성을 촉발시킨다. 다양한 아이디어를 연결하여 새로운 관점을 찾고 이를 통해 새로운 방법과 해결책을 만드는 조직의 리더가 되도록 도와준다.

셋째로 여유있는 의사결정이다. 생각의 근육이 단단해지면 복잡한 인간관계에서 필요한 의사결정에 정보를 가치 있게 만들고 다양한 관점에서 분석하고 판단하는 능력이 강화된다. 이것은 비판적 사고와 긍정적 사고를 동시에 사용할 수 있는 소통의 양면성을 갖도록 하여 객관적이고 적용 가능한 대안을 통해 지혜 있는 결정을 내리도록 도와준다.

넷째는 남다른 커뮤니케이션 스타일이다. 생각의 근육이 커질수록 복잡한 개념을 간결하고 명확하게 정리, 표현하고 다른 사람의 언어를 쉽게 공감하여 원활하게 의사소통할 수 있는 아이디어 언어를 사용하게 된다.

다섯째는 앞으로 벌어질 일들에 대한 문제를 추측하여 예방한다. 강화된 생각의 근육은 잠재적인 문제를 예측하여 통찰력있는 사고와 판단을 통해 어려움을 미리 대비하는 능력을 발휘한다.

여섯째는 수많은 정보의 환경속에서 가치있는 지식과 경험이 무엇인지 정리하고 이를 바탕으로 자기를 개발하는데 필요한 배움이 무엇인지 집중하도록 안내한다.

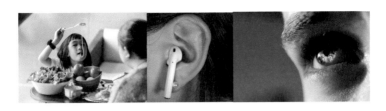

일상의 배움과 소소한 발견에 생각의 근육을 갖게 하는 일은 보고, 듣고, 맛보는 등의 경험적 자극을 기록하는 것이다.

매일의 자극을 종이에 직접 글로 기록하는 일
일상의 자극을 SNS로 활용하여 어딘가에 올리는 일
순간순간의 자극을 이미지로 남기는 일

우리가 누리고 있는 현실의 혁신적인 발견의 대부분은 일상의 소소한 생각을 구체화시켜 지금의 모습으로 만든 것이다. 그런 이유로 창의적인 아이디어들은 완성된 모습으로 우리에게 다가오지 않는다.

그러나 매일매일의 정리된 〈FIFUSION Draw〉의 창의이미지언어가 지속적으로 쌓이고 쌓이면 그 공간에서 생각의 에너지는 기하급수적으로 생성되고 융합과 분열을 반복하면서 폭발된 생각은 일상을 변화시키는 아이디어로 바뀐다.

우리 아이들에게 생각의 순간이 단단한 아이디어 근육으로 만들어지도록 교육을 개발하고 제공하여 창의적인 자녀로 성장하도록 도와야 한다.

유연한 감각에 필요한 선험지식과
생각근육은 아동기에 형성된다

아동기와는 다르게 12세를 기준으로 청소년기에 들어서면 확연히 구분되는 사고체계가 생긴다. 이 시기는 창의적 스토리텔링을 추론할 수 있는 논리적 사고를 배우며 귀납적 사고와 연역적 사고의 등장으로 평면사고와 입체사고의 차이를 이해하는 배움의 집중력과 다양한 흥미를 학습해 간다.

우리 교육은 아동, 청소년에게 경험적 지식과 논리적 지식을 융합하여 만들어지는 지혜를 배우고 습득하도록 배려해야 한다.

아동기에 많은 책 속의 이야기를 읽으며 느끼고 생각하는 오감체험을 통해 다양한 지식의 간접 경험이 쌓이고 정리되면 스키마이론에 의해 향후 성장에 필요한 진로와 목표의 명확성을 갖고 스스로 핵심사고를 찾는 방법에 익숙하게 된다.

발달심리학에서도 근원(핵심)사고가 형성되는 시기를 아동기로 보고 있다. 책의 한 문장을 읽더라도 근원적 사고의 경험으로 정리된 아이와 그렇지 못한 아이는 시간이 갈수록 생각의 깊이와 유창성에서 큰 차이를 보인다. 어릴 적부터 감각을 살려서 문장을 공감하는 훈련이 중요하며 이것은 향후 사회생활(공동체)의 리더로 성장하도록 도와주는 중요한 역량으로 발휘하게 된다.

FIFUSION Draw

생각의 핵심을 찾아라

FIFUSION Draw의 두 번째 훈련단계는 생각의 핵심을 갖는 것이다. 일상에 많은 생각에서 불필요한 부분을 과감하게 도려내고 핵심단어로 정리하는 〈생각추상화〉 훈련이다.

〈신박한 정리〉라는 TV프로그램이 있다. 자신이 결정하지 못해 버리지 못하는 살림살이, 여러 해 입지 않고 쌓인 옷, 신발, 전자기기 등 온갖 물품들이 집 안 구석구석 넘쳐나서 사람은 보이지 않고 정리되지 않은 짐들만 늘어간다.

결국, 돈을 주고 내 물건을 버려주는 전문가를 부른다. 이처럼 불필요한 것들을 과감하게 버리는 것에 인간은 익숙하지 않다. 그 주저함은 생각을 정리하는 것에서 시작해야 한다.

왜 못 버리는가 생각해보면 왜 버려야 하는가?에 대한 이유가 더 강하지 않기 때문이다. 강하면 버리겠지. 그러나 그 마음이 약하면 많은 걱정과 근심, 아쉬움에 사족들이 줄줄이 꼬리를 물고 줄줄이 엮여서 내려놓지 못하는 결정을 이어간다.

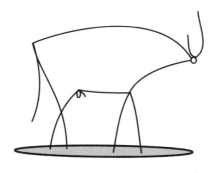

피카소의 황소

생각의 핵심은 관계성을 찾는 것에서 결정된다. 내가 찾은 핵심단어에 많은 사람이 공감하면 된다. 공감을 얻지 못하는 연설, 그림, 작품은 이슈나 핵심이 될 수 없다. 연관성의 특징이 독특하고 재미가 있어 폭발적인 차이를 갖고 있다면 우리에겐 핵심이 된다. 핵심이미지로 만들어진 새로운 언어는 긴 생명력을 갖는다. 피카소의 그림언어는 늘 그런 놀라움과 천재성으로 살아 숨 쉰다. 그래서 그의 그림에는 공감과 생명력이 넘친다.

위치

그들은 지식의 "높음"을 양으로
생각하는 틀에서 못 빠져나올 테니!

외워라!

진정한 혁신은 보여지는 것에서
느껴지는 것으로 외워서

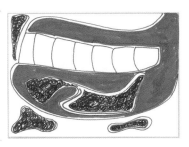

흩어짐!

다양한 방법으로 흩트려 놓고
위치를 바꾸는 것이다.

생각의 무늬를 읽어라

FIFUSION Draw 세 번째 훈련단계는 생각의 무늬를 읽는 것이다. 점, 선, 면, 직선, 곡선, 도형으로 일상에서 배우거나 전공하는 혹은 경험을 통해 관심이 생긴 음악, 미술, 과학, 자연 등에서 반복되는 패턴을 발견하고 이해하는 훈련이다.

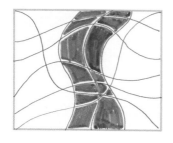

흐름 flow

같은 곳을 바라보는 흐름

충돌 collision

다른 곳을 보면 오는 충돌

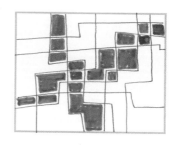

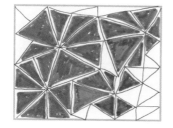

집중 concentration

배움에는 흐름과 충돌의

집중이 있다.

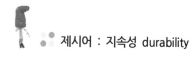

⟨딴생각⟩ 어디에서 오는가!

늘 하는 대로 하는 아이들
아침에 일어나면 학교에 가고
학교가 끝나면 학원에 가고
학원에서 밤늦게 다시 집으로 온다.

1교시 듣고 적고 외우고
2교시 적고 듣고 외우고
학원에서 다시 듣고 적고 외우고
교사와 강사의 강의를 듣고 적고 외우는 청소년들
언제쯤, 반복되는 일상을 멈출까?

익숙한 흐름을 깨는 충돌, 그것에 집중할 때
아이들은 하던 것을 멈추고 딴생각을 시작한다.

생각을 융합시켜라

FIFUSION Draw 네 번째 훈련단계는 생각을 융합시키는 것이다. 명백히 달라 보이는 둘 이상의 핵심단어나 이미지를 활용하여 둘의 중요한 특질과 기능을 잃지 않고 생각을 연결하여 융합된 스토리텔링을 정리하는 학습이다.

명함과 운동화는 같다!

위에 미션문장과 두 개의 이미지를 보고 명함과 나이키운동화가 같은 이유를 생각하여 한 문장을 만들면 된다. 이 과정은 상식적인 기능과 쓸모를 다른 시각에서 보도록 자극한다.

명함과 운동화는 같다. 왜냐하면~

FIFUSION Draw

생각을 변형시켜라

FIFUSION Draw 마지막 훈련단계는 생각을 변형시키는 것이다. 이것은 부정적인 의미의 왜곡된 사고가 아니라 기존의 고정관념에서 벗어나 독창적인 관점으로 생각을 바꾸라는 것이다.

유추한 생각의 무늬를 통합하고 변형, 왜곡시키는 작업은 평면사고를 입체사고로 바꾸는 중요한 작업이며 창의사고력의 마지막 최종단계다.

변형은 모든 문제의 상황을 뒤집는 탁월한 생각도구로 활용된다. 익숙한 습관에서 변형이라는 새로운 관점을 찾기 위해 문제를 다각적으로 바라보거나 연관성 없는 아이디어들을 결합하여 기존의 것에서 차이를 경험해야 한다. 변형된 사고방식은 역시 창의적 사고에 중요한 역할을 하며 여러 가지 공감각적인 사고가 훈련된다. 인간의 고유한 특징은 여러 겹의 의식으로 되어있는 생각의 무늬에서 차이가 드러난다.

아인쉬타인은 공간의 왜곡 "휨" 현상을 일반상대성이론에서 제시하였다. 중력은 질량이 있는 물체 주위에 공간과 시간을 왜곡시킨다.

이를 '중력 왜곡' 또는 '시공간 왜곡'이라고도 하는데, 질량이 있는 물체가 공간과 시간을 구부리는 것으로 이해된다. 이 왜곡은 빛의 굴절, 행성 궤도의 이동, 시간의 흐름에 차이를 설명하고 우주의 동작을 정확하게 설명하는 데 사용된다.

뇌는 인간의 몸속에 소우주로 존재하는 작은 공간과도 같다. 이 공간의 기능으로 시간의 밀도를 갖고 환경에서 주는 모든 자극과 배움에 대해 왜곡과 휨 현상을 가져야 한다. 그것은 끊임없이 뇌에서 보내는 〈생각의 순간〉을 잘 정리하고 집중하면서 습득되고 이해가 된다.

제5부 상상력에 저작권을 소유한 사람들

*연관성을 상실한 정보정보화시대
*네가 그리는 그림은 취미잖아!
*이미지언어를 쓰는 사람들
*대통령의 이미지언어 이야기
*무의식의 고래를 춤추게 하는 추상적사고를 정리하라
*이성적 사고와 추상적 사고가 만나는 순간에 직면하라
*인생의 성공은 뾰족한 생각의 순간에 온다

FIFUSION Draw

연관성을 상실한 정보화시대

생각이 경제적인 것과 밀접하게 연결된 세상이 왔다. 어떤 생각을 아이디어로 만드냐가 부(富)를 갖게 해준다. 필요한 정보를 마음만 먹으면 얼마든지 검색하고 찾아낼 수 있게 해준다. 디지털정보화시대는 우리에게 편안함과 게으름을 준다. 한국은 인터넷과 모바일 기술이 세계 최고 수준이며 이것을 자랑이나 하듯이 정보를 신속하게 전달하고 공유하는데, 전 국민이 익숙하다.

그중에 큰 충격으로 다가오는 지식창고는 ChatGPT는이다. 처음 이 제품의 이런저런 이슈에 자신 있게 필요 없다고 말은 했으나 걱정도 되고 나만 뒤처지는 것 아닌지, 배워 활용해야 하나? 고민도 되었지만, 이내 생각을 접었다.

수준 높은 질문을 좋아한다는 챗GPT의 제품성향은 인간을 또 한번 긴장하는 이슈를 만들었지만, 정말 '챗'이라 말하고 싶은 마음이다. 지식도 비용과 버전에 따라 나눠주는 챗, 기술기반의 병렬적 사고는 늘 이런 한계성을 드러낸다. 처음 네비게이션의 등장처럼 말이다. 이것도 다르랴!

그러나 이 시대의 기술이 나쁜 것만 있으랴, 과거에는 생각하지도 못했던 일들을 놀랍게 해주는 것도 많다. 먼저 소통의 거리를 무한정으로 넓혀준 이슈이다. 지리적, 문화적 경계를 초월하여 시간과 공간을 뛰어넘는 글로벌 커뮤니케이션으로 상상도 할 수 없던 소통이 가능해졌다.

여러 해 전 세계를 다니며 창의교육을 개발하고 가르치는 일을 해왔지만, 늘 한계성으로 갖고 있던 강의공간의 제약은 코로나 19가 발생하면서 익숙해진 줌(화상) 교육으로 해결이 되었다. 오히려 지구 반대편의 강의교육에 지속성 측면을 다른 관점에서 찾고 제안하는 기회가 되었다.

또 다른 정보화시대의 특징 중의 하나는 디지털 기술로 대량의 데이터를 생성하고 저장할 수 있게 되었고 이를 통해 개인의 선호도 분석이 가능해져 온라인에서 내가 좋아하는 가방을 누르면 그와 관련된 제품들이 계속 보이고 혹여나 영어 회화 모임에 나가볼까 해서 검색어로 단어를 치는 순간 며칠은 영어회화와 관련된 학원, 책, 동아리, 영어강연 등의 SNS정보 링크를 내 의지와 상관없이 링크가 된다.

이것은 정보의 자동화 기능을 활용한 인공지능의 기술력이 우리의 생활 깊숙이 들어와 있는 여러 측면 중 하나이다.

그러나 홍수처럼 밀려오는 대량의 정보를 수용할 인간의 대안은 있는가 묻고 싶다. 스마트폰만 있으면 손안에서 세상 어느 곳의 이야기들을 볼 수 있는 편리함으로 다른 것들에 소홀해지는 우리의 모습을 발견한다. 뇌는 너무도 단순해서 일주일만 반복하면 그것을 익숙하게 느끼도록 해준다. 끊임없이 업데이트되는 매일매일의 뉴스에 치여 거짓과 사실을 선택하고 결정하는 것에 혼란을 주고 신뢰할 수 있는 정보인지 아닌지를 구분하는 것에 하루의 생각에너지를 써버리고 있는 것은 아닌지?

쳇GPT 인공지능이 가져다주는 정보는 개인의 생각과 감정과 노력으로 만들어진 작품의 가치를 떨어뜨리고 복사에 복사를 거치는 동안 고유했던 첫 정보의 가치는 떨어지고 평범한 정보로 변질하기를 반복하게 한다. 혹여나 개인정보라도 유출되어 사이버 범죄에 사용된다면 불행한 일이다. 이런 일들로 인터넷에 내 지식과 지혜가 담긴 결과물들을 올리는 일이 더디어질지 모를 일이다. 이런 사례는 나라를 구분하지 않고 더 공격적이며 더 전문적인 방법들로 우리를 위험에 빠뜨릴 것이다. 인터넷 세상에서 발생한 문제에 해결이나 보상은 쉽지 않다.

가장 우려스러운 것은 발달단계에 있는 청소년의 직면이다. 정보 접근이 어려운 농*어촌지역이나 사회적 약자에게는 더 큰 디지털 격차를 만들 것이고 너무나 많이 노출된 대도시 청소년은 지나친 디지털 서비스의 의존도가 높아져 온라인 중독 현상을 만드는 사회문제로 발전시킬 것이다.

게임이나 인터넷 중독은 인간의 역량 중에 영혼과 마음과 정신과 몸까지 무디게 만들고 다양한 생각과 감정을 논리적 행동으로 만드는 이성적 사고에도 문제가 된다. 가정과 학교와 사회와 직장의 관계성도 홀로 외롭게 만들어 소통과 인성이 심각한 사회환경을 만든다. 우리가 어떤 문제에 노출되어 살고 있는지에 대한 인식은 중요하며 건강한 성장발달을 저해하는 것을 지혜롭게 정리하는 것도 중요하다. 거대한 도시 속 디지털 세상에 고립되지 않도록 노력해야 하며 무엇이든 연결할 수 있는 세상이지만, 어떤 것도 연결할 수 없는 인간이 되어서는 안 된다.

코로나 19를 겪으면서 우리는 팬데믹pandemic이라는 엄청난 삶을 경험하였고 이 과정에서 국가와 사회를 다르게 바라보는 뉴노멀newnomal시대의 새로운 공감을 보게 되었다. 다시 강조하면 새로운 세상엔 새로운 소통방법이 필요하다. 지금의 바뀐 기준과 환경 속에서 어떤 연결로 세상을 봐야 하는지 고민해야 한다. 그러나 사람들은 고민에 익숙하지 않다. 지금의 현상과 시대에 적응하며 그저 지나가기를 바란다. 익숙한 환경과 습득된 방법을 바꾸기는 쉽지 않다. 사업하는 사람, 교육하는 사람, 나라를 경영하는 사람, 화가, 음악가 등

우리는 어릴 적부터 부모에게서 자주 듣고 자란 말이 하나 있다. 그것은 〈딴생각original〉이란 단어다. 부모가 설계해준 목표대로 반듯하게 나아가야 하고 혹여나 다른 길로 한눈을 파는 것 같으면 들었던 말 딴생각이다. 바르게 앉아야 하고 바르게 생각해야 하고 정해진 틀에서 벗어나면 그것은 꾸중과 함께 쓸데없는 생각과 행동의 기준이 되었다.

그러나 세상이 바뀌었다. 남의 지식을 그저 따라하는copy 방법으로는 자신을 성장시키거나 리더가 될 수 없다. 평생을 그렇게 살아왔기에 다른 생각을 연결하는 결단이 어려울 수 있다. 우리는 점점 더 많은 뉴노멀에 처할 것이며 익숙하지 않은 일들에 딴생각을 물어야 한다. 스스로 질문과 답을 찾는 생각을 반복해야 한다. 넘쳐나는 정보를 손쉽게 따라하는 일상을 유지하면 스스로 독립적인 주체는 될 수 없고 배움은 무료해지며 스스로 호기심과 열정을 갖지 못하는 사람이 된다.

딴생각으로 마음이 식지 않도록 뜨거움을 유지해야 한다. 새로운 지식을 생성시키는 FIFUSION Draw은 자기만의 생각을 갖도록 생각을 유발시켜 독립적인 주체가 되도록 돕는다. 그런 생각들이 모여 생명력 있는 주체가 될 때 일상의 변화와 혁신은 나에게 온다. 결국, 인간의 언어혁명이 세상 정복의 성공을 가져왔다는 유발하라리(사피엔스)의 말처럼 새로운 세상엔 새로운 언어혁명으로 내 생각과 감정과 행동을 연상하는 마음이 뜨거워져야 한다. 불행한 현실의 인식이 가득한 사람은 결코 즐거운 생각이 연상되지 않는다. 이는 인간의 행복한 척도는 마음 안에 행복한 이미지가 가득한 사람이기 때문이다.

네가 그리는 그림은 취미잖아

제 C-2011-002811 호

저 작 권 등 록 증

1. 저 작 물 의   스이
    명 칭 및 제 호

2. 저 작 물 의   미술저작물
    종   류

3. 저 작 자   장 ○ ○   4. 생 년 월 일   98년11월06일
    성 명 (법인명)   (법인등록번호)

5. 저 작 재 산 권 자   6. 생 년 월 일
    성 명 (법인명)   (법인등록번호)

7. 창 작 연 월 일   2011.03.02

8. 공 표 연 월 일   2011.04.01

9. 등 록 사 항   성명 : 장○○ , 창작 : 2011.03.02, 공표 : 2011.04.01

10. 등 록 연 월 일   2011.04.06

「저작권법」 제53조에 따라 위와 같이 등록되었음을 증명합니다.

2011 년 04 월 07 일

한 국 저 작 권 위 원 회

<캐릭터명 : 스이>

 아이들은 성장하면서 어떤 추억이 마음속에 남아있을까? 돈도 많이
들어가고 스케일도 커 보이던 유학, 국내외 여행이나 비싼 선물, 기타
다양했던 체험은 바람대로 기억에 없고 그저 작지만, 자신이 만족스

러웠던 것에 더 큰 의미를 둔다. 그 사실을 좀 더 일찍 알았더라면 돈과 시간과 열정도 잘 선택해서 자녀에게 집중해 줄 걸 하는 후회가 남는다.

장한별(가명)군은 초등학교 저학년 시절 친구에게 괴롭힘도 당하고 학교에 잘 적응하지 못하여 마음속에 '틱'도 있었다. 지금에서야 고백하는 것이지만, 아내는 유아, 아동 전문가이고 나는 청소년전문가임에도 맘처럼 잘 안되는 것이 자식을 키우는 일이다.

그러다가 우연히 만나게 된 미국 캘리포니아에 위치한 CalArts 예술대학교(월트디즈니사 설립)에서 운영하는 지역사회 방과후 창의교육 프로그램 CAP(Community Arts Partnership)이다. 이 프로그램은 재학생이 봉사자로 참여하면 장학금을 주고 그 교육에 참여한 아이들이 커서 그 대학에 들어와도 장학금을 준다. 그래서 이미 이 프로그램에 참여하여 칼아츠에 입학한 학생들이 많다.

한국에 이 CAP 프로그램에 참여했던 유학생 10명이 모여 지금의 창의이미지언어교육 프로그램의 초기 아이디어가 되었던 교육커리큘럼이 만들어졌다. 장한별군은 칼아츠 선생님들과 함께 초 3년부터 FIFUSION Draw 창의 수업을 받았다.

아이들은 그렇다. 일주일간의 힘듦이 있어도 자신의 마음을 마음껏 풀 수 있는 공간과 시간과 선생님이 있으면 힘든 일주일의 시간을 견딘다. 혹은 그 시간을 어느 순간 이겨낸다. 이것이 '생각의 순간'을 어떻게 쓰느냐에 따라 일상을 변화시키는 생각에너지의 적용이다.

한별이는 힘든 방과 후 학원을 마치고 집에 귀가하여 12시가 넘도록 마음속 이야기를 노트에 생각을 그렸다.

평소에 그린 생각의 정리가 창의교육센터에 와서 선생님과 함께 현실의 영상으로 만들어지고 호기심과 재미있는 상상력을 구체화시키는 방법이 반복되면서 생각 근육이 커지기 시작했다.

CalArts의 CAP교육이 다 그런지는 모르겠지만, 교사는 정해진 수업 진도에 신경 쓰지 않았고 그 단계에서 아이가 습득해야 하는 감각과 인지가 완성되지 않으면 다음 단계로 넘어가지 않고 완성될 때까지 기다리는 배려가 있었다.

언제 저 과정을 다 배울까 했던 교육은 어느새 마스터과정까지 마무리되었고 한별이는 초 4학년이 되면서 갖고 있던 틱도 없어졌고 학교에서도 제법 인기있는 아이로 성장하였다.

초등생 사이에서의 인기요인은 유머와 웃음의 포인트를 알고 말하는 것이다. 어느 날 부모참관 수업으로 학교수업에 참여했던 나는 그 웃음의 중심에 한별이가 있는 것을 보게 되었다.

FIFUSION Draw는 목표의 명확성을 갖게 해주고 생각과정에서 스스로 무엇을 해야하는지 알려준다. 앞으로 벌어질 일들을 자신이 구상하고 그 모든 이야기에 등장하는 캐릭터를 만들고 그 이야기에 맞게 움직이는 영상을 만든다. 이 경험은 〈생각의 순간〉에 몰입하고 집중하게 훈련하고 생각이 탄탄해진 아이들의 내면에 자신감을 만든다. 생각의 근육에서 언급하였던 생각의 왜곡은 곧 웃음 포인트가 된다. 이처럼 말만 하면 웃어주고 공감하는 아이들이 주변에 있다면 자아존중감은 상승한다.

군대를 제대하고 대학에 복학해서 학교에 다니는 한별군의 책상에는 아직도 그때 그린 '스이'스케치 노트북이 있다. 초5학년때 클레이로 만든 스이는 미술저작물 종류로 저작권위원회에 정식 등록하였고 저작권자가 되었다.

어느날, 한별은 같은 반 아이가 그린 그림이라며 종이 한 장을 보여준다. 오~ 잘 그렸는데, 했더니 한별이는 에이~ 그 친구는 취미로 그리는 거고 나와는 다르지. 그래, 그럼 너는~

저는 저작료를 받는 자작권자잖아요!

아이들의 자존감은 공부를 잘하는 것으로만 형성되지 않는다. 공부를 그렇게 잘한 것은 아니지만, 한별이는 자존감이 높아진 아이가 되었다.

FIFUSION Draw 교육초기에 처음 창의코칭에 대한 책을 쓰고 표지 디자인을 고민하면서 의뢰한 회사에서 100여장 제공한 이미지중에서 〈스이〉캐릭터를 표지에 쓰겠다고 연락이 오면서 캐릭터가 표지 디자인으로 사용, 책이 판매되기 시작하면서 한별에게 첫 달에 8만원이 넘는 저작권료를 주게 되었다.

수업시간에 떠올린 생각이 상품이 되어 보상으로 돌아오는 것을 매달 경험한 아이들은 제법 중요한 경제교육을 일상에서 배우게 되었다. 이제는 고유한 생각이 더욱 가치를 높여 재정적인 것들과 연결되는 세상임은 누구도 그것은 부인할 수 없게 되었다.

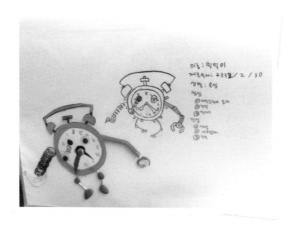

FIFUSION Draw by 서준재(고1)

이미지언어를 쓰는 사람들

Dancing House (Diego Delso)

FIFUSION 생각의 순간을 어떻게 다루느냐에 따라서 3가지의 사고 경험자로 구분을 한다.

첫째는 단순한 업무를 위주로 반복적인 일을 하는 사람이 하는 사고이다. 특별히 별다른 사고의 변화가 없이 사고가 유지되기 때문에 이들은 단순 경험의 사고자들이라 한다.

둘째로 병렬사고를 기반으로하는 전문기술자들이다. 이미 정해진 도면과 계획에 의해 움직이며 그 이상도 그 이하도 생각의 근육을 쓰지 않는다.

셋째는 원인과 결과의 사고를 모두 담고 있는 생각의 스펙트럼이 가장 긴 설계자의 사고이다. 이 건물이 왜 이렇게 만들어졌는지에 대한 전체이유를 아는 사람이다. 사회적으로 존경받는 사고이며 단순사고자들은 특별히 그 이유를 궁금해하지 않는다.

이미지언어를 쓰는 사람들은 생각하고 정리하는 것에 남다른 방법을 갖고 있다. 글자로만 생각하는 사람이 있고 이미지로 창조하는 사람들이 있다. 생각은 언어로 표현되는 순간 죽어버린다. 글자에 갇혀버린 창조력에 한계를 뛰어넘은 각 분야의 이미지언어의 천재는 다음과 같은 특징들을 갖고 있다.

　천재시인 예이츠6)는 어릴적 글 읽기에 어려움을 겪었으며 문학적인 상상을 하다보면 기하학적 이미지들이 떠오른다고 말했다. 그가 특별히 천재시인으로 추앙받는 이유는 그의 시에 내재된 깊이 있는 인간성, 예리한 통찰력, 그리고 창의적인 표현력 때문이다. 그는 언어를 사용하는데 뛰어난 미적 감각을 드러낸다. 아름답고 심오한 언어로 가득 차 있으며 단어와 구절의 선택이 의미를 깊게 전달하도록 배려한다. 종종 그의 시는 현실과 초월적인 세계 간의 경계를 모호하게 만들고 진취적인 시각과 상상력은 생각의 순간을 깊이 있는 사유로 이끌어준다.

　두 번째 천재는 니콜라 테슬라7)이다. 그는 모든 실험을 머릿속에서 먼저 해보고 정리가 되면 진짜 실험을 한다. 결과는 언제나 생각과 일치했다.

---

6) 윌리엄 버틀러 예이츠(영어: William Butler Yeats, 1865년 6월 13일 ~ 1939년 1월 28일)는 아일랜드의 시인이자 극작가이다. 20세기 영문학과 아일랜드 문학에 있어서 가장 영향력 있는 인물 중 한 명
7) 니콜라 테슬라는 세르비아계 미국인인 발명가, 물리학자, 기계공학자이자 전기공학자이다. 오스트리아 헝가리 제국 출신으로, 미국으로 이주하였다. 상업 전기에 중요한 기여를 했으며, 19세기 말과 20세기 초 전자기학의 혁명적인 발전을 가능케 한 인물

세 번째 이미지언어의 천재는 세기의 과학자 아인슈타인[8]이다. 그는 학생이 갖춰야 할 소양을 묻는 질문에 백과사전에서 쉽게 찾는 지식으로 머릿속을 복잡하게 채우지 말라고 말했다.

어느 나이가 지나면 독서할수록 마음은 창의성으로부터 멀어진다.
너무 많이 읽고 자기 뇌를 너무 적게 쓰면
누구나 생각을 게을리하게 된다.

마지막으로 이미지언어를 잘 사용했던 위대한 예술가 레오나르도 다빈치[9]이다. 책이나 강의보다 직접적인 경험이나 관찰을 통해 배우려고 했다. 그는 머릿속에 있던 수많은 생각들을 수천장의 메모지같은 종이에 이미지로 남겼고 그가 남긴 수천 권의 노트에는 온통 연필로 그린 이미지들이 넘쳐났다.

---

8) 독일 태생의 이론물리학자, 역사상 가장 위대한 물리학자 중의 한 명. 상대성 이론을 개발, 양자역학 이론의 발전에도 중요한 공헌. 1879년 3월 14일, 독일 울름 출생
9) 르네상스를 대표하는 화가이자 조각가, 발명가, 건축가, 해부학자, 지리학자, 음악가. 2007년 11월에 네이처 지가 선정한 인류역사를 바꾼 10명의 천재중에 가장 창의적인 인물 1위를 레오나르도 다빈치가 차지했다. 출생:1452년 4월 15일, 이탈리아

FIFUSION Draw Class

대통령의 이미지언어 이야기

　새로운 정부가 출범하면서 실시한 정책 중에 하나는 오랫동안 비밀 공간이었던 청와대를 오픈한 것이다. 청와대는 12명의 국가 지도자가 1948년 8월 15일부터 2022년 5월 9일까지 생활한 장소이다. 역대 대통령이 대한민국의 히스토리를 쓴 곳이기도 하다. 그래서 청와대는 74년간 국정 최고 리더십의 무대이며 창의적인 역량을 드러내고 권력의 정상에서 어려운 결정들을 내리며 성취와 승리와 좌절, 낙담도 있었던 장소이기도 하다.

　국가는 정권이 바뀌면 늘 새로운 이슈와 이야기를 만든다. 국민에게 오픈한 청와대를 견학 신청하여 가보니, 역대 대통령의 사진과 라이프스타일을 보여주는 소품들이 잘 보관 전시되어 있다.

　대통령의 재임기간 중에 보여준 리더십을 핵심이미지와 연상시켜 정치적 상징을 역동적이며 은유적으로 표현해보면 어떨까 생각이 든다. 국민에게 역대 대통령을 새로운 관점에서 친근하고 흥미롭게 다가갈 기회가 될 것이다. 정리한 자료는 청와대 방문 시 제공한 카탈로그를 일정 부분 활용하였다.

　이런 작업은 조선시대의 역대 왕의 리더십과 업적을 정리하여 MBTI 성격이미지와 연결, 창의성과 리더십을 재미있게 배우는 청소년 역사교재도 KING STORY로 좋을 것 같다.

이승만 대통령 : 재임기간 1948~1960

1953년, 78세의 이승만은
한미동맹의 역사를 한 글자 한 글자 써 내려갔다

영문타자기는 이승만 대통령의 필수품이었다. 독립운동 시절부터
가방에 있었고 국가의 대외 전략을 직접 수립했다. 최고의 지도자
이면서 외교관이었다. 78세때까지도 직접 타자기를 두들기며 문서
를 작성했다. 타이핑 솜씨는 독수리타법이 되었지만 말이다. 부인
프란체스카 여사 이외에는 그 누구도 타이핑을 대신 할 수 없었다.

▶ 도움 / 이화장(서울 이화동, 이승만 기록관리), 조혜자(이승만대통령 며느리)

김영삼 대통령 : 재임기간 1993~1998

김영삼에게 새벽조깅은
몰입이고 순간이고 결단의 의식이었다

조깅은 김영삼 대통령의 상징이다. 건강 관리 이상의 관심이 있
다. 청와대 녹지원을 조깅했고 30분쯤 뛰면서 자신과 대화했다. 고
뇌 속에 내면과 만나면서 주요 정책을 결심하고 국정을 정리했다.

▶ 도움 / 김영삼 대통령기록전시관(경남 거제), 문체부 제공

김대중 대통령 : 재임기간 1998~2003

꽃들에게 말을 걸었다
겨울을 이겨내면서 김대중의 내면은 단단해졌다

　김대중 대통령은 꽃에게 말을 걸었다. 1980년 신군부에 체포된 그는 독서와 꽃가꾸기로 감옥생활을 견뎠다. 그는 부인 이희호 여사에게 옥중편지를 썼다. 운동하러 뜰에 나가면 국화가 한창인 듯 노란색입니다. 내가 돌본 꽃들은 피기도 싱그러웠지만, 다른 데 비해 한 달 더 견디어 주어 대견하고 고마운 마음입니다. 인동초는 겨울을 이겨내고 봄에 핀다. 그의 삶은 고난과 투혼으로 구성됐다.

▶ 도움 / 김성재(김대중도서관 관장), 김호업(아들), 문체부 제공

이명박 대통령 : 재임기간 2008~2013

이명박의 실용주의는
4대강 자전거 길 위에서 완성되었다

이명박 대통령의 삶 속에 자전거가 있다. 기업인 시절 그는 신속한 현장확인을 위해 자전거로 달려갔다. 국회의원 때는 지역구인 종로를 자전거로 누볐다. 그런 자세는 실용주의적 국정운영에 반영됐다. 이 대통령은 '4대강 길을 따라 1,800km를 가다 보면 누구와도 마음껏 소통할 수 있다'라고 했다. 그의 국정운영이 자전거의 삶과 함께 완성된 곳은 바로 그 길이다.

문재인 대통령 : 재임기간 2017~2022

대통령 취임 3주년 기념 등산스틱

문재인의 네 번의 히말라야 등반
멀리 떨어져서 깊이 생각하는 성찰의 시간

　문재인 대통령은 등산 마니아다. 그의 등반경력은 프로급이다. '히말라야에 네 번 갔다 왔다. 라다크, 에베레스트, 안나푸르나를 거쳐 랑탕 트래킹에서 5,900m 고지에까지 올라갔다.

　문재인은 노무현 정부 초기 민정수석을 그만두고 히말라야에 갔다. 거기서 대통령 탄핵 소추 소식을 듣고 급거 귀국, 대응에 나섰다. 그는 산행을 이렇게 묘사한 적이 있다. "산을 생각하면 가슴이 뛴다. 멀리 떨어져서 깊이 생각하는 성찰의 시간이다."

　산행은 그의 삶의 방식이자 소통방식이다. 재임 중 아차산에서 시민들과 신년맞이 해돋이 등산을 한다.

생각의 속성 – 핵심단어로 연상하기

더하기		기존의 것에 무엇을 더하면 혁신이 된다!
빼 기		무엇을 뺀 것일까?
곱하기		나눠진 것을 하나로 융합
나누기		모여진 것을 여러개로 분열

형태		동그란 수박만 수박이냐!
방향		어디로 바라 볼 것인가!
재료		특별한 것을 넣어라! 며느리도 모르는 재료 레시피
크기		불필요한 것을 삭제하라!

무의식의 고래를 춤추게 하는 추상적사고

FIFUSION Draw by 이은서(7)

'나의 생애는 무의식의 자기실현 역사다.'[10] 자기실현은 자아가 무의식 밑바닥 중심 부분에 있는 자기를 진지하게 들여다보고 그 소리를 듣고 그 지시를 받아 나가는 과정을 가리킨다. 그러나 인간 내면에는 무수한 무의식 층이 겹겹이 가로막고 있다.

자기의 소리는 자아에게 잘 전달되지 않는다. 또한, 마음속 깊은 곳에 있는 개인 무의식도 무슨 생각의 무늬를 하고 있는지 현실에서 알아차리기 어렵다. 그런데도 자기는 자아에게 꿈의 상징과 이미지의 연상을 통하여 그 소리를 전달하려 노력한다. 종종 그 소리와 무늬를 알지 못하여 마음과 몸이 아프기도 하다.

쉬운 작업은 아니지만, 자기가 자아에게 보내주는 신호들을 연결하고 그려나가는 과정이 FIFUSION의 학습과정에 중요한 부분을 차지한다.

---

10) 카를 구스타프 융이 80세가 넘은 나이에 자기 인생 전체를 돌아보며 자신의 일생을 한마디로 규정한 말이다.

태양이 지구를 돌고 있다고 믿던 세상에 살던 인간에게 그게 아니고 지구가 돌고 있다는 지동설의 주장은 기존의 물리학적 세계관과 우주관을 뒤엎는 발견이었다. 인간의 마음에 '무의식'이라는 것이 있어서 잘 돌보지 못하면 정신적 재앙의 원인이 될 수 있다고 말한 초기 프로이트의 주장과 발견은 지동설에 버금가는 것이라 할 수 있다.

무의식이란 무엇인가? 인간의 의식과는 다른, 의식적으로 인식되지 않는 생각, 욕구, 기억 등의 심리적 요소들을 말한다. 무의식의 과정은 우리의 행동과 감정에 영향을 미칠 수 있지만, 우리가 직접 의식적으로 인지하는 것은 어렵다.

그러나 분명 '내 마음속에 내가 모르는 마음이 있고 그것이 별로 좋지 않은 욕구나 충동의 성격을 가졌다는 것'은 기분 좋은 일은 아니다. 시대가 바뀌고 학설의 주장도 수정되며 무의식에 대한 이론도 근본적으로 확대되었다. 무의식에 대한 FIFUSION의 주도적 이론은 구스타프 칼융Carl Gustav Jung의 말과 경험을 적용하였다.

무의식은 창조의 힘을 갖추고 있다. 무의식 속에는 의식의 갈등과 고통을 해결하는 열쇠가 있다는 사실도 발견했다.

FIFUSION은 참가자의 마음 깊은 곳, 무의식이 생생하게 살아있는 심상의 이야기를 현실로 꺼내 경험하며 사람의 의식 속에 존재하고 있는 다른 의식이 있음을 정리하도록 돕는다.

그러나 그것을 그린 당사자나 그것을 바라보는 우리도 그것을 속속들이 알 수는 없다. 무의식은 또 하나의 인간 속에 존재하는 소우주 같은 느낌이다. 그래서 그 우주를 쉽게 다 볼 수는 없다. 너무나 크고 깊어서 내가 생각하고 결정하고 판단하는 정로만 인식할 뿐이다. 내 의식의 마음 넘어 어딘가에 커다랗게 존재한다는 상상만 할 수 있는 정도이다. 그 존재를 가끔 알려주는 것이 자면서 꾸는 꿈이다. 꿈은 마음의 내부와 외부를 연결하는데 깊은 관계가 있으며 신체적 정신적 에너지를 조절하고 균형도 잡아준다.

무의식이 창조적인 기능을 가졌다고 해서 아름답고 멋있는 이미지만 내보내지는 않으며 고약한 구석도 있어서 파괴하고 희생을 요구하는 것도 많다. 그래서 사람은 자신의 내면 깊숙한 곳을 보고 이미지언어로 표현하는 것에 두려움과 괴로움을 갖는다. 그러나 자기 자신을 깨달으면 발견이 오고 나의 개성을 꺼내 무의식으로 통찰할 수 있는 자아를 갖게 된다면 건강한 자기실현은 가능해진다. 그래서 융은 꿈의 주의notice를 기울이라 말한다.

결국, 자아를 통해 자기실현을 성공시키려면 내가 갖고 있지만, 아직 모르고 있는 마음의 세계를 잘 읽어내는 훈련을 해야 한다. 그것은 자아에서 보내는 이미지언어를 잘 읽고 일상에 적용하는 것을 꾸준히 의식적으로 해야 한다는 것이다.

그 의미가 무엇인지 몰라 계속 울고만 있을 수 없고 나의 어두운 그림자로 아파하고만 있을 수는 없다. 또 다른 나를 보는 것은 일상에서 익숙한 나의 모습이 아닌 또 하나의 커다란 세계에서 존재하는 나이기에 창의적 상상언어의 소통으로 공감하는 힘을 갖추고 무의식을 보려고 노력해야 한다.

이미지언어는 궁극적으로 자신의 심상이다. 그것은 말로도 드러나고 내가 쓰는 글과 그림, 음악 등 어느 곳에든 적용된다. 모두가 내 마음을 들여다보는 도구가 된다. 간단히 말하면 자기 인식인데, 이것은 자기 마음을 잘 다독이고 인식하여 무의식의 정신적 잠재력을 생각에 너지로 만들고 이미지언어로 소통하여 자기가 원하는 삶으로 실현해 가는 과정이 되기 때문이다. 곧 그 사람의 개성적인 일상이 만들어지는 재료가 된다.

무의식은 주로 추상적 이미지로 연결된다. 의식의 말이나 평범한 글로는 잘 드러나지 않는다. 그래서 깊은 사고의 정체를 알 수 있는 유일한 방법은 이미지언어를 쓰는 것이다. 유명한 작가와 예술가의 창조적 작품으로 평범한 우리는 그것을 경험한다. 조금씩 정리되어가는 무의식은 의식을 살찌게 하며 의식의 성숙한 과정으로 자기실현은 촉

진된다.

 내면의 무의식을 잘 살피려면 어떤 특성을 갖고 있는지 알아야 하고 정리되지 않은 내용이 외부로 표현되어 주변의 사람이나 사물에게 투사되지 않도록 해야 한다.

 무의식의 특징은 첫째, 은폐성이다. 의식적으로 접근하기 어려운 곳에 숨겨져 있어 개인이 의식적으로 알지 못하는 생각, 욕구, 기억 등이 저장되어 있다.

 둘째는 자동성이다. 자율성을 갖고 활성화되는 경향이 있다. 습관적인 행동이나 반응은 무의식의 영향을 받을 수 있다. 그래서 그 자동성과 자율성을 잘 구분하여 관리하지 못하면 마음속에 그림자가 많아지게 된다.

 셋째는 상징적 표현성이다. 무의식은 여러 감각으로 상징적인 형태를 띤다. 비논리적 이미지언어로 우리에게 오기 때문에 그 의미와 신호를 알아내는 훈련이 필요하다. 주로 꿈, 예술작품, 시, 자유연상 등이다.

 넷째는 즉각성과 지연성이다. 무의식적인 영향은 때때로 즉각적으로 나타나기도 하지만, 조금씩 갑자기 어떤 시간속에서 시각적 자극을 통해 나타나기도 한다.

 다섯째는 저항성이다. 평면의 논리적이고 현실의 의식화된 지식으로 접근하려면 잘 보이지 않는다. 이는 인간의 본질적인 저항(방어기제)에 의해 숨으려 하기 때문이다.

 마지막으로 부분성이다. 무의식은 전체가 아닌 일부만 우리의 기억으로 보인다. 모든 것이 한꺼번에 의식으로 보이는 것이 아니라 조각조각 일부만 나타나기에 우리의 시각에는 말도 안 되는 이야기에 추상적 이미지처럼 보인다.

 위에 내용을 이해하고 훈련하면 무의식의 복잡성과 상징적 의미를 나에게 맞게 이해하고 정리하는 방법과 훈련에 도움을 준다.

내 생각의 근원을 알게 하는 가치

문명의 근원은 물줄기에서 시작된다.
나일강
유프라테스강
티그리스강
인더스강
황허강
물줄기가 굽이쳐 흐르는 기름진 땅엔
충분한 물이 공급되어 곡식이 풍성하다.
문화공동체의 문명이 소생한다.
그러나 메말라가는 대륙의 땅은 갈라지며
먼지 날리는 고통만이 소생한다.

그곳에 내리는 봄비는
내 생각의 근원을 알게 하고
가치를 소생시켜주는 단비이다.

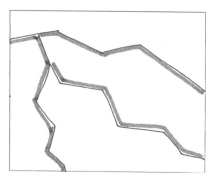

작품명 : 굴절, refraction, 근원

작품명 : 소생 revive

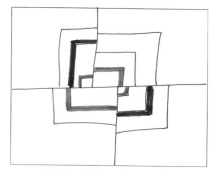

작품명 : 단비, welcome rain

대단한 인기를 얻고 종영된 〈이상한 변호사 우영우〉에는 고래가 특별한 상황에서 자주 등장한다. 어떤 좋은 아이디어나 문제에 대한 해결방법이 떠오를 때면 여러 마리의 고래가 수면위로 올라온다.

주로 고래는 대양의 표층부터 심해에 산다. 심해는 인간의 깊숙한 내면에 무의식이 사는 마음속 바다와도 흡사하다. 심연은 대양[11)의 가장 깊은 곳을 가리킨다. 이 지역은 매우 어둡고 압력이 엄청나게 높아서 생물이 살기에도 어려운 곳이다. 알려지지 않은 많은 신비를 품고 있으며 상상력을 초월하는 아름다움과 동시에 무서움을 갖고 있다.

'인간의 가장 깊은 곳에 있는 생각과 감정을 끄집어내서 다양하게 표현하는 사람에게는 광기가 있다'라고 니체는 말했다. 감각의 유발이 필요한 예술가는 광기가 있어야 한다. 그래야 폭발적인 감각의 이미지를 끌어올려 음악이나 조형[12), 미술작품으로 표현될 때, 인간의 영혼, 정신, 마음의 공감이 크게 출렁거리게 할 수 있다.

결론적으로 무의식이 인식하지 못하는 현실의 생각으로는 심안의 깊은 곳에 숨어 있는 폭발적인 사고를 〈생각에너지〉로 만들 수 없다. 추상적 사고의 개념과 이해를 통해 어떤 훈련이 필요한지 알아보자.

추상적 사고란 구체적이고 현실적인 사유에서 벗어나 비규칙적인 생각을 하거나, 복잡한 문제를 해결하고 아이디어를 발전시키는 능력을 의미한다. 이는 실제로 보이는 사물이나 상황을 뛰어넘어서 상징적 개념, 관계, 원리를 이해하고 활용해야 한다.

유명한 추상파 화가의 초현실주의 작품은 무엇을 말하고 있는지 쉽게 이해하기가 어렵다. 이미지가 말하는 상징적 의미를 연결한 사고가 깊은 마음속 상상과 추측으로 생각의 완성도를 높인 것이기 때문이다. 생각의 완성도를 높인 결과물들은 종종 해결하기 힘든 문제를 다른 각도에서 볼 수 있게 돕거나 새로운 관점을 생성해낸다. 이는

---

11) 대양은 수심이 매우 깊은 지역을 의미한다.
12) 각종 재료를 사용하여 공간에 형태를 만드는 예술. 회화, 조각, 건축 등

창의성과 혁신성을 훈련할 수 있는 핵심적인 역량 중 하나다. 예를 들어, 예술가는 추상적인 개념을 시각적인 표현으로 나타내는 데 주력하며, 과학자들은 복잡한 이론과 개념을 구체적인 실험과 연구로 연결하는데 추상적 사고를 활용한다.

이처럼 추상적 사고는 학습과 경험을 통해 발전하며, 문제해결, 분석, 생각의 근육 등 창의성이 필요한 분야에 중요한 역할을 한다.

FIFUSION은 점, 선, 면, 도형을 활용하여 추상적인 작업을 하고 난 이후에 무의식의 복잡성과 상징성을 연상할 수 있는 현실에서의 이미지 3개와 연결, 마음속 깊은 무의식의 생각과 융합하여 핵심단어와 문장으로 정리하면서 배운다.

FIFUSION Draw Class / 점, 선, 도형 활용 생각수업

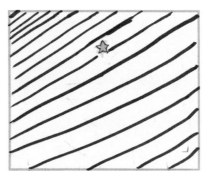

작품명 : 관찰 observation

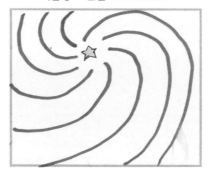

작품명 : 집중 concentration

작품명 : 확장 extend

작은 것의 향기를 맡아야 지혜가 확장된다

작은 것을 크기로만 판단하는 시각에
크게 의존하는 인간의 한계

사선 속에 숨어 있는 별빛이 보이는가!
곡선 속에 풍기는 별빛의 향기가 맡아지는가!
무의식의 감각으로 관찰하지 않으면
작은 것을 확장시켜 뾰족하게 만드는
심안은 생기지 않는다.

중심을 찾는 흐름 속에서 작은 변화를 찾아내자.
모든 것들이 하나로 집중되며 회전하는
흐름 속 핵심을 본다면
새로운 지혜가 생성되기를 기다리는 일만 남는다.

이성과 추상이 만나는 순간을 직면하라

인간은 모두가 미성숙한 상태에서 태어난다. 태어난 상태로 돌보지 않고 내버려 두면 아이는 분명 죽고 만다. 걷지도 못하고 마음대로 움직이지도 못하며 무엇을 스스로 먹을 수도 없다. 그러나 아이는 자라면서 듣고 보고 느끼는 감각적인 것들로 이성적인 사고를 배우며 성숙한 인간으로 성장해간다.

라캉13)은 거울이론mirror stage에서 '어린시절의 인간은 이미지에 사로잡힘'이 일어난다고 주장하였다. 거울 속에 비친 내 모습이 진짜 내 모습이라고 믿는가? 우리는 거울에 비친 내 모습을 진짜 나의 모습과 동일시하며 살아간다. 자크 라캉의 거울 단계는 이러한 거울에 비친 이미지 속의 '나'는 나의 '진짜 모습'이 아니라고 말한다. 그러나 어린 시절엔 거울에 비친 자신의 모습이 진짜 이미지이건 혹은 다른 이미지이건 상관없이 자신과 동일시한다는 것이다.

유아기(6~18개월)에는 자기와 타자를 구분하지 않는다. 어떤 행동이 진짜 자기의 행동인지 헷갈리기 때문에 서로의 행동을 모방한다. 자기의 형성이 분열과 동시에 경험되는 시점으로 나의 눈만이 존재하며 아동은 내가 보는 데로 세상을 바라본다. 인간의 아동기에 성장과 변화를 가져오는 배움이 시작되는 과정이다.

따라서 인간의 인지 성장에 시작단계에 핵심단어는 일상에서 보게 되는 이미지에 대한 인식과 분열작용이 연결되어 있다는 것이다.

---

13) 프랑스의 대표적인 정신분석학자이자 철학자, 정신과 의사

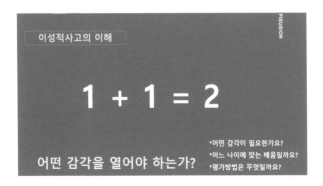

인간의 이성적 사고는 합리적이고 분석적인 사고방식으로 구성되어 있다. 이성적 판단은 감정이나 주관적인 요소보다는 보편, 평균적인 객관성을 유지하며 논리적인 근거와 사실을 중심으로 판단하고 결정한다는 말이다.

가장 중요한 것은 문제를 분석하고 정보를 수집한 후 정확하게 평가하여 결론에 도달하는 논리적 과정을 거친다는 것이다. 이 과정으로 결정된 답에 대해서는 대부분 공감하며 정보와 지식으로써의 가치와 객관성을 부여받는다. 그러나 때로는 객관성이 사람을 무색무취한 집단사고로 이끌기도 한다.

이성적 사고는 문제해결역량을 강화하고 제시된 질문에 필요한 정보를 잘 소통시켜주는 장점이 있다. 지금의 학교 교육은 과학적 사고를 기반으로 이성적 사고를 향상시키는 학습과 자기개발의 열린 마음을 갖는 목표로 지도한다.

1+1은 언제나 2이며 이런 학습에는 특별한 창의적 감각이 드러나지 않아도 된다. 누구나 2가 답이라는 것에 문제를 제기하지 않는다. 주로 성장기 아동, 청소년기에 배우는 학습사고로 평가방법은 정답이 명확하게 제시되기 때문에 인공지능이나 평가 앱(초, 중, 고, 대학 등)으로도 점수를 처리할 수 있다.

사랑 감사 은혜 지혜
겸손 혼돈 공허 어둠

어떤 감각을 열어야 하는가?

*어떤 감각이 필요한가요?
*어느 나이에 맞는 배움일까요?
*평가방법은 무엇일까요?

　추상적 사고는 구체적인 사물이나 상황에서 벗어난 개념, 아이디어, 패턴 등을 이해하고 생각하는 능력이다. 생각의 오버액션과 변형단계의 딴생각으로 이미지독서토론에서 참가자들에게 재미와 호기심을 유발하도록 돕는다.

　FIFUSION의 추상적 사고는 기존에 주어진 이미지속의 의미나 기능의 보편적 사고를 제외해가며 새롭게 생성된 핵심단어와 문장을 최종 아이디어로 '생각의 순간'을 정리한다.

　여기서 중요한 체크포인트는 주제나 목표와 연관된 문제해결에 도출된 다양한 방법과 생각이 주변의 공감을 증폭시키는지 아는 것이다.

　〈생각이 이미지와 만나는 순간〉에 추론은 빛을 내야 한다. 그 빛의 핵심은 서로 다른 사물이나 개념을 비교하고 융합하여 공통점과 차이점을 드러내는 것에 있다. 그래서 주어진 두 개의 이미지나 주제의 개념에서 가장 공감되는 창의적 생각을 찾는 것이다.

　실제로 경험해보지 않은 것이지만, 일상에서 공감하고 경험한 것 같은 문장이 찾아지면 생각의 순간에 폭발하는 FIFUSION의 긍정적 에너지가 생성된 것이며 이런 공감의 결과물은 일반 사람들에게 굉장한 상상력과 창의성으로 인식된다.

FIFUSION의 생각을 향상하는 방법은 다양한 학습과 연습을 통해 가능하다. 몇 가지 유용한 방법을 정리해보았다.

1. FIFUSION은 자신과 관련 없다고 생각하는 배움에 관심을 두고 익숙하지 않은 개념과 아이디어가 충돌하도록 돕는다. 이는 폭넓은 지식과 경험을 갖도록 동기를 유발하고 촉발시킨다.

2. FIFUSION은 어려운 분야의 책이나 논문, 기사 등의 텍스트를 이미지로 먼저 이해하고 이후에 정리하여 읽을 수 있도록 리딩포인트를 집중시킨다. 핵심주제를 먼저 이미지로 그리고 나중에 설명글을 읽으면 문해력이 높아져 읽기와 이해가 쉬워진다.

3. FIFUSION은 다양한 종류의 문제를 해결하며 추상적인 사고력을 발전시켜 다양한 상황의 문제해결, 게임, 퍼즐, 논리 문제 등을 해결하는데 스스로 아이디어를 찾게 돕는다.

4. FIFUSION은 읽기, 그리기, 연상하기, 글쓰기, 토론하기로 생각의 감각을 뾰족하고 예리하게 만드는 창의적 활동으로 자유로운 아이디어를 구체적으로 정리하도록 돕는다.

5. FIFUSION은 인문고전이나 복잡한 상징적 표현들을 소리로 듣고, 냄새로 맡고, 색으로 연상하며 다각적인 질문과 답을 통해 새롭게 바라보는 감각적 시각에 익숙해진다.

 결국, 일상생활에서 접하는 소소한 이슈나 사건의 발견으로도 자유로운 상상을 훈련하는 방법을 제공한다. 이는 생각을 그냥 흘려보내지 않도록 독서나 영화감상, 미술관, 기타 갤러리 감상 등으로 발견한 자극이 내 생각으로 어떻게 정리되느냐에 경험이 늘어나며 아울러 복잡한 주제나 문제를 깊이 생각하고 분석하며, 다양한 관점에서 숙고하고 관찰하는 역량도 향상시켜준다.

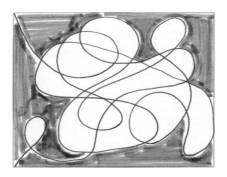

작품명 : 배경 background

작품명 : 밖 out / 외모

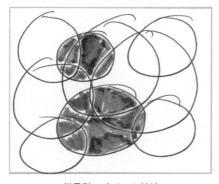

작품명 : 속 in / 심성

차이에 대한 집중!

사람들은 드러난 배경을 보는 일에 집중한다.
그 사람의 집안과 부와 학위와 직업

그러나 안in과 밖out이 같은 사람들이
빛의 균형을 갖는다.

안이 화려하고 밖이 초라하면 거칠고
밖이 화려하고 안이 초라하면 허풍스럽다.

외모야 어떻게든 만들어낸다지만,
속으로 채워져야 할 인성과 심성은
배경으로도 외모로도 드러나지 않는다.
우리는 일상의 관계에서 배려하는 예(禮)로
그 차이를 찾는다.

제6부 생각의 순간을 정리하는 방법들

*TESTING : 무의식의 스토리텔링?
*창의코칭 : 생각에너지를 만드는 FIFUSION 창의역량
*토론코칭 : 철학적 사고가 훈련되는 우화로 토론하기
*독서코칭 : T=W*3i 창의적인 독서방법이론
*딴생각코칭 : 직선, 곡선으로 나도 모르는 생각만들기
*생각융합코칭 : 숫자와 이미지로 창의융합사고 만들기

FIFUSION TESTING 무의식의 스토리텔링

∴ 통찰01 - 스스로 생각할 수 있는가!

무엇이 보이는가! 잘 살펴서 찰(察)해야 한다.

세상에 **좋**은 것과 **나**쁜 것을 통찰력으로 배려하면

주변이 세심해지고 긍정적인 것으로 채워진다.

그러면 우리는 어떤 일이든 해결할 수 있는 생각을 하게 된다.

이것이 배움을 통해 갖는 유리한 형세, 곧 나의 통찰이다.

〈FIFUSION 손자병법 독서토론중〉

:: 통찰02 - 지혜는 어디서 시작되는가!

인간의 몸 중에 무관심한 발,

콤팡이도 나고 바이러스도 생기고, 모양이 휘어지기도 한다.

눈에 잘 보이지 않거나, 집중하지않으면

몸에 붙어있는 발도 관심 밖 대상

그러나 아는가!

지혜를 얻으려면 발을 자극해야 한다는 것을~

가장 위에 사는 머리의 뇌를 자극하는 것이

가장 밑에 있는 발이다.

집중하지 않는 발에 자극을 주어

깊은 지혜는 떠올리는 이것이 나의 통찰이다.

〈 FIFUSION 공자의 논어독서토론〉

FIFUSION Testing은 처음 창의이미지언어연구소CIL LAB를 방문하면 거치는 출입문 같은 것이다. 가끔 학부모는 이거 안 해도 돼요? 묻는다. 물론 안 해도 상관은 없다. 그러나 학생과 교사간에 있어야 할 영향력을 놓치고 배움이 시작되는 것이다.

학생에게 평생 존경받는 교사의 영향력은 어디에서 나오는가? 보기만 해도 무서워서 고개도 못 들고 엄한 수업으로만 기억되는 교사는 졸업하며 잊어진다. 학생의 마음속 깊은 곳에 생각의 무늬가 무엇인지 알고, 뭘 잘하는 아이인지, 무엇을 못 하는 아이인지를 파악한 후에 수업을 시작하는 것은 학생에 대한 교사의 배려이다.

Testing은 120분 정도 소요되며 직선, 곡선, 도형을 활용한다. 마음껏 그린 직선과 곡선과 도형작품 속에서 찾은 생각캐릭터로 스토리텔링을 만들고 토론을 시작한다.

Testing이 진행되는 동안 교사는 학생의 여러 가지 창의역량을 관찰한다. 융통성flexibility, 유창성fluency, 독창성originality, 정교성elaborate을 중심으로 스토리텔링을 어떻게 구성하고 만들었는지, 대부분의 학생은 정교함보다는 단순한 표현들이 많다. 글보다는 말로 설명을 다 하려한다. 문장을 구성하고 정리하는 능력이 부족하다. 추상적인 이미지를 그리게 하였음에도 그 안에서 정형화된 생각을 찾아 뻔한 이야기를 만든다.

테스팅에서 가장 중요한 작업은 융통성과 유창성이다. 이미지속에서 찾아낸 생각캐릭터는 추상적이며 다양한 이야기요소를 설정한 후에 전체 이야기를 만들어야 한다. 캐릭터의 기능을 설정하지 않으면 다음 단계인 창의적인 문장은 만들어지지 않는다.

아울러 무의식에서 꺼낸 생각과 캐릭터는 물 흐르듯이 정확한 문장으로 정리되지 않는다. 이런저런 생각의 불편함으로 연결하고 분리하며 익숙한 문장이 아니라도 괜찮으니 처음 떠오른 아이디어를 버리지 말고 끝까지 마무리하는 것이 중요하다. 세상의 모든 아이디어는 우리에게 완성된 형태로 오지 않는다.

그러다 갑자기 어떤 생각의 순간이 이미지와 만나게 되면 그것을 끝까지 완성시켜서 문장으로 만드는 과정을 경험해야 한다. 종종 엉뚱하지만 재미있는 이야기를 만들기도 전에 생각속에서 먼저 떠올라 웃는 학생을 본다. 이것은 완전히 정리된 행위나 현실에서는 도저히 나올 수 없는 행동으로 이야기가 생각으로 먼저 정리가 되고 보이기 때문에 나오는 증상이다. 웃을 일이 없는 우리의 일상에 〈생각의 순간〉이 에너지를 갖고 폭발하는 순간이라 할 수 있다.

〈생각의 순간〉 훈련은 우리가 내성적인 생각의 무늬를 가졌는지, 외향적인 생각의 속도를 가졌는지 알게 한다. 이 성향을 알았다면 교사나 부모는 학생과 자녀의 배움에서 이것을 배려해야 한다. 모든 사람마다 〈생각의 순간〉을 떠올리는 속도는 다르다. 코칭포인트는 생각을 빠르게 하느냐보다는 어떻게 생겨 먹은 생각의 무늬가 나오는지에 더 집중해야 한다.

본격적으로 FIFUSION이 시작되면 〈1단계 입문자Insufficient단계〉로 문제나 상황에 대한 역량이 제한적이거나 부재하여 자신의 역량을 찾고 활용하는데, 완성도가 60%미만인 상태이다. 이 시기에는 끊임없이 상상하는 것에 집중하여 다양한 자극으로 나를 똑바로 보는 것에 집중해야한다.

〈2단계는 적용자Developing단계〉이다. 복잡하지 않은 상황에서 스킬 적용은 가능한 편이지만, 자신을 찾는 성과의 완성도가 60%이상인 수준이다. 이 시기에 집중할 것은 생각의 특성을 찾는 것이다.

〈3단계는 숙련가Proficient단계〉이다. 독자적으로 자신의 역량을 찾아 적용하며 자신을 찾는 성과의 완성도가 70%이상으로 역량을 사용하는 수준이다.

마지막 최고 전문가Super&Excellent단계이다. 자신을 활용하고 나타내는 역량에 통찰력이 있으면서 전문가는 90%, 최고는 100%의 완성도로 자신을 찾고 드러내는 방법에 지속성을 유지하는 수준이다.

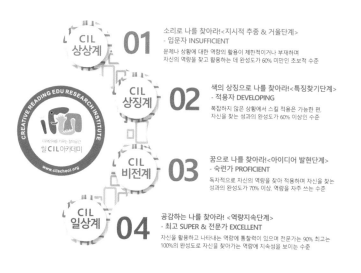

CIL 상상계 **01**
소리로 나를 찾아라! <지시적 추종 & 거울단계>
- 입문자 INSUFFICIENT
문제나 상황에 대한 역량의 활용이 제한적이거나 부재하며
자신의 역량을 찾고 활용하는 데 완성도가 60% 미만인 초보적 수준

CIL 상징계 **02**
색의 상징으로 나를 찾아라! <특징찾기단계>
- 적용자 DEVELOPING
복잡하지 않은 상황에서 스킬 적용은 가능한 편.
자신을 찾는 성과의 완성도가 60% 이상인 수준

CIL 비전계 **03**
꿈으로 나를 찾아라! <아이디어 발현단계>
- 숙련가 PROFICIENT
독자적으로 자신의 역량을 찾아 적용하며 자신을 찾는
성과의 완성도가 70% 이상. 역량을 자주 쓰는 수준

CIL 일상계 **04**
공감하는 나를 찾아라! <역량지속단계>
- 최고 SUPER & 전문가 EXCELLENT
자신을 활용하고 나타내는 역량에 통찰력이 있으며 전문가는 90% 최고는
100%의 완성도로 자신을 찾아가는 역량에 지속성을 보이는 수준

만남 · 생각공장 · 감정 · 행동 · 습관 · 가치관 · 세계관 · 감동 · 원리

#멘탈케어코칭 & 이미지언어 조울증과 조우하다!

주님은 늘 이런식이다. 이리저리 게으름으로 도망다니는 내게
세심히 주시는 이끄심은 절묘함 자체이다.

올해, 한국과 미국에서 아동, 청소년, 성년, 시니어를 대상으로
창의이미지언어스킬를 활용하여 정신력에 어려움을 겪고 있는 사람들
에게 케어코칭프로그램을 적용하려고 준비 중이다.
정신과 관련된 인간의 증상은 다루기 쉬운 주제는 아니지만,
현대사회에 꼭 필요해질 코칭분야이다.

우울에서 조울증으로 넘어온 여성(30세)의 코칭의뢰가 있어
곧, 만남이 시작된다.

신경쇠약도 있고 분노조절장애에
양극성 장애로 감정도 널 뛴다.
어릴 적 애착 형성의 부족으로 애정 결핍도 있고
만나는 친구는 한 명도 없으며 약도 복용 중이다.
그들의 부모도 역시 같은 증세로 힘들어한다.

융의 집단무의식, 가문에 흐르는 저주는 여지없이
지금도 살아 움직인다.

FIFUSION 멘탈코칭은 먼저 내면의 결핍을 들여다보며 시작한다.
삶을 사랑한다는 의미를 알게 하고
소중한 존재임 알게 하고
스스로 책임지는 일상을 찾고
자기 정당화, 합리화에서 빠져나오라 소리쳐주고
외롭고 공허한 일상에 재미 찾아주고

건강한 경계선에 직면하게 하고
정신과 약을 복용하며 생활의 균형을 잡도록 돕고
현저히 줄어든 생각에너지 정리해주어
시간과 열정이 소모되지 않게 코칭한다.

불행한 생각, 과거의 나로부터 해방시키고
기억력 감퇴, 인지기능 떨어진 부분 올려주고

남들이 정한 틀에 내 행복이 없다는 것을 알려주고
열정을 쏟을 일이 있다는 희망도 만든다.

감정이 느끼지 못하는 마음속 무감정에
의욕, 설레는 감정이 생기게 행복을 정리하고
힘들 때, 숨을 곳이 되어줄 〈창의이미지독서토론 모임〉에 넣어주고

FIFUSION으로
상상하기
그리기
토론하기
글쓰기

평범한 일상을 스스로 꿈꿀 수 있도록 마무리한다.

주님은
마음의 상처로 아파하는 자를 위해
저 많은 일을 단박에 거침없이 다룰 수 있는
도구를 주시고 사용하도록 훈련하게 하셨습니다.
참 감사한 마음입니다.

#멘탈케어코칭 & 조울증 이미지언어로 상대하다!

세심함, 절묘함, 통찰, 직면, 관찰, 막막함, 분노, 흥분~

어떻게 할까? 어떻게 하지?

오랜 시간, 깊은 내면의 정신과 관련된 문제로
인간의 증상과 마주한다는 것은 역시 쉬운 주제는 아니다.

드디어 시작되었다. 매 순간 몰입에 표현하는 선Line 하나하나의
의미들을 놓치면 안되고 머리카락이 쭈뼛쭈뼛서고
숨 막히는 120분이 흘렀다.

감정은 연관성없이 마구 널뛰고
근거없는 이야기에 맥락없이 반복되는 대화가 이어진다.
약해져있는 사유의 역량을 어디서부터 시작해야 하는지!
빛의 속도로 생각의 순간은 휘몰아친다.

이런 자극과 코칭의 반응도 오랜만이다.

아파해 온 정신의 틈으로 파고 들어갈 숨(틈)을 찾기에 집중한다.
단 한 번 웃음짓는 순간이 있었다. 나는 그때라는 생각이 들었다.

조울증, 우울증~
이제 그 증상이 이렇고 저렇고 점쟁이처럼 보호자 혹은 당사자에게
이야기하며 시간을 보내고 싶지 않다. 그럴 시간도 없고 이미 모두가
지쳐있다.

이젠,
그래서 어떻게 이겨내고 어떻게 성장할껀데~
이 사유에 집중해야 한다.

어린아이가 성장을 멈춰버린 후
성인 아이의 모습으로 커버린
시간의 지나감을 어떻게 밀도 있게 당겨야 할까?

다윗이 골리앗을 상대할 때처럼
빈틈없이 거대한 성벽에서
파고 들어갈 틈을 찾아야 하는 지금,
난처함도 있지만, 즐거움도 있다.

이런 느낌이구나,
이건 장애판정을 받은 자폐아나
다운증후군 아이들과는 전혀 다른 생각의 무늬다.

탐색단계이니, 마음껏 노출하도록 놔둔다.
다만, 내가 지치지 않고 버틸 수 있는 멘탈이 있기를 갈망한다.

나 또한 여러 곳에 자아 원형에 그림자를 가진 사람이기에 한계를
인정하며 조심스럽게 직면한다. 사고와 감정과 행동을
끊어내려는 자와 붙이려는 자의 밀당 싸움이다.

생각의 근육은 없으나, 뾰족한 사고와 감정은 다행히 있다.
연관성과 맥락은 이야기로 상상하지 못하나,
시도 때도 없이 올라오는 그림자로 자기를 지키려는 중심성이
주변을 차단하고 내치고 잘라내는 말과 생각으로 가득하다.
관계성의 희미한 기회마저도 스스로 져버리는 상황이다.

단호한 표현도 있어 긴장도 하지만,
곧 언제 그랬다는 듯이 과한 말이었다며 사과와 용서를 빈다.
총체적 난국이다.
그래도 나름대로 소통을 이어가며 코칭키워드를 찾아
파고 들어갈 핵심단어를 찾았다.

자폐아나 뇌병변, 정신지체 친구와 처음 가르칠 때 느꼈던 한계를
오랜만에 다시 느낀 직면이었다.
내게 준 한계의 직면은 같으나 둘의 무늬는 전혀 다르다.

이제 서서히 그 멘탈속으로 파고들어 끝을 보러 갈 것이다.
이미지언어의 효과성을 믿고 과정을 반복하며 생각을 정리해보자!

정신과 마음의 상처로 아파하는 자를 위해 단박에 두려움 없이
다가설 용기와 지혜 주시니 참 감사한 마음입니다.

#FIFUSION #창의이미지언어 #우울증 #조울증 #멘탈케어코칭

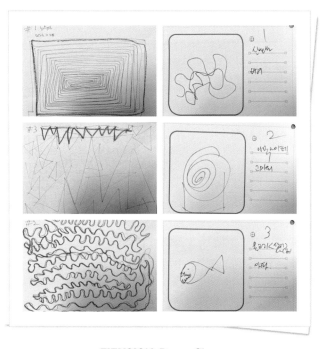

FIFUSION Draw Class

생각에너지를 만드는 FIFUSION 창의역량

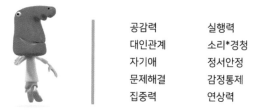

공감력	실행력
대인관계	소리*경청
자기애	정서안정
문제해결	감정통제
집중력	연상력

공감력empathy은 타인의 사고나 감정을 자기의 내부로 가져와서 마음속에 넣어 타인의 체험이 마치 내가 한 것처럼 동일하게 느끼는 심리적 과정을 만드는 능력이다. 이 능력은 상대를 진심으로 움직이게 만드는 힘을 갖고 있다. 이기주의와 홀로 고립되어가는 인류에게 기술의 혁신과 함께 가장 필요한 역량이다.

나는 책 속에 꽃과 나비에게 이야기할 수 있어요?

일상에서 나는 어떤 사물이든 대화하고 말을 걸며 생각과 감정을 언어로 나눌 수 있는가? 나는 집에서 키우는 꽃과 난초에게 매일 음악을 들려준다. 인간도 동일하다. 음악을 들으며 그린 그림작품과 혼자 스케치북만 보고 그린 이미지는 보는 사람에게 다른 공감을 느끼게 한다.

FIFUSION Testing 역량검사에서 대인관계personal relations는 사람을 대하고 사귀는 과정에서 이전에 부정적인 결과를 가져왔던 상처나 트라우마가 동일한 관계성으로 다시 다가왔을 때 회피하는 것을 말한다.

〈생각의 순간〉에 일어나는 이야기 속 대인관계의 핵심단어는 회피 경향이다. 과거의 경험으로 불편해진 관계나 사실에 대해 재인식을 다시 하게 되면 그것을 어떻게 처리하느냐가 그 상황에서 창의 사고를 만드는데, 큰 영향을 준다.

예전에 싸웠던 동료는 다시 만나기가 꺼려져요!
나를 좋아하지 않는 친구와 노는 게 어려워요!

사회속에서 갖는 관계성은 다양한 환경으로 다가온다. 그 환경에 속하는 사람의 역할과 기능은 모두 다르다. 나를 가르치는 사람, 내가 도움을 줘야 하는 사람, 내가 도움을 받고 가르쳐야 하는 상황 등 수많은 기능 속에서 모든 관계가 만족스러울 수 없고 때로는 피곤하고 직면하기 싫은 관계도 생긴다. 이것을 어떻게 다룰 것인가 〈생각의 순간〉을 정리해야 한다.

자기중심성egocentricity은 자기를 중심으로 사물을 받아들이고 남의 일을 의식하지 못하고 모든 정신활동이나 행동을 자기 위주로 행동하는 상태이다. 자아를 남이나 외부세계로부터 구별하지 않고 모든 것을 자기의 생각이나 감정에 의하여 이해하고 판단하는 형태이다.

　〈생각의 순간〉에서 언급하는 자기중심성의 핵심단어는 가치부여를 어디에다 하는가와 아래 그림에서처럼 관점의 시각을 상대방의 위치에서 볼 수 있느냐의 문제이다. 사람마다 중요하게 생각하는 가치는 다르다. 늘 내 가치가 더 중요하며 크게 부여하거나 바르다고 이야기할 수 없다. 서로의 가치를 존중하고 들어주며 상대방의 가치에서 생각해 볼 수 있는 마음의 정리와 결단이 필요하다.

어디서건 내 의견이 옳다고 말해요!

　마음속 자아의 무늬를 꺼내서 객관적으로 보는 훈련은 자기중심성에서 벗어나기 위한 훈련이다. 내 방향에서만 보는 것이 아니라 상대방의 방향성에서 가치를 바라보는 〈생각의 순간〉을 경험해야 한다.

문제해결problem solving은 인공지능 측면에서, 컴퓨터를 이용하여 주어진 문제를 논리적으로 해결하는 것이며 자신의 진로를 찾는 성숙도 측면에서는 진로를 선택하고 의사를 결정하는 과정에서 다양한 문제를 해결하는 능력이다. 주로 학생들에게 어떤 문제를 주거나 스스로가 문제를 찾아서 기존에 있던 지식과 새로 얻은 자료를 활용하여 풀어나가는 학습법으로 가정, 학교, 회사 등 모든 관계성에 적용된다.

FIFUSION Draw에서는 신체적, 정신적 또는 정신적 피로상태로 일상에 소진exhaustion이나 위험을 감수하는 의사결정을 어떻게 하는지 관찰하는 관점이다.

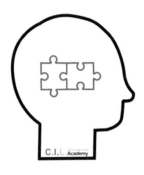

공부가 힘들고 피곤하면 엄마에게 말해요!
업무가 힘들고 피곤하면 부장님께 어렵다고 말해요!

문제를 발견해야 이해하고 해결하는 과정을 진행할 수 있다. 집에서 직장, 학교로 이동하는 익숙한 거리와 시야에 보이는 사물들, 반복되는 삶에서 익숙한 것에도 문제를 제기하는 사람과 그렇지 않은 사람은 문제의 지속성과 해결의 차이를 만든다. 일상에 반복되는 모든 것에 〈생각의 순간 FIFUSION〉을 적용해보자.

집중력concentration은 생각과 감정과 행동으로 주의를 집중할 힘에 대한 것이다.

FIFUSION은 주로 한 가지 일에 마음을 집중하거나 나아가는 역량으로 주의가 산만하여 집중하는 행동의 결핍이나 과한 행동을 보이는 것으로 이해 한다.

**주변이 시끄러우면 공부나 업무에
집중이 어려워요!**

CIL창의이미지언어연구소에 오는 아이들은 8~10세 아동들도 120분의 수업시간이 언제 지나갔는지 모르게 재미있었다고 말한다. 30분도 앉아있기 힘든 아동의 집중력은 재미와 호기심을 어떻게 유지하고 무엇을 하느냐에 따라 다르게 반응한다. 주변에 여러 요인이 아이로 하여금 학습에 집중하지 못하게 하는 것은 〈생각의 순간〉에 떠올리는 무늬에 호기심이나 설레임, 재미가 떨어지기 때문이다. 종종 자신의 부족함을 감추기 위하여 집중력을 깨는 과한 행동으로 산만한 분위기를 만드는 아이들도 있다. 집중력의 요인은 아이들의 성격만큼이나 다양한 모습으로 드러난다.

정서안정emotional stability은 사람의 마음에 일어나는 여러 가지 감정. 또는 감정을 불러일으키는 기분이나 분위기이다. 희로애락과 같이 일시적으로 급격히 일어나는 감정으로 진행중인 사고과정이 멈추거나 신체 변화가 뒤따르는 강렬한 감정상태를 체크한다. 최근 감정이 널뛰기하는 사람들이 늘어간다. 이는 경계성장애나 양극성장애로 우울한 정서가 반영된 불안정한 상태이다.

FIFUSION은 감정을 가져오는 기분이나 분위기에서 자신의 감정을 안정적으로 유지하고 변화의 폭을 줄이는 것에 핵심을 둔다.

친구에게 화가 나면 화도 내고
친구가 화를 낸 이유를 물어요!

CIL창의이미지언어연구소의 참여자 창의역량조사에는 보편적으로 가장 낮은 두 항목은 문제해결과 갈등조절이다. 억압신경은 어떤 문제가 생기면 그것이 감정으로 연결하여 폭력적인 행동으로 옮기는데 3초가 걸리지 않는다. 반대로 자율신경은 3초의 여유를 갖는다면 긍정적인 행동을 갖게 해준다.

최근 우리사회는 공감과 배려, 이해와 소통의 행동이 약해져 간다. 이는 내면의 정서적 안정에서 나오는 것이다. 신경질을 많이 내는 아이에게 생각의 깊이를 갖게 하는 것은 감정을 스스로 다스리는 방법을 갖게 해주는 것이다.

FIFUSION의 소리(경청) listening courteously는 음을 식별하고 그에 맞는 음표를 알아내는 능력(청각, 표현력, 감각)에서 상대의 말을 듣는 것 만이 아니라, 상대가 전달하려는 것의 의미와 본질에 귀를 기울여 듣고 빠르게 파악하는 능력으로 들음을 통해 자유로운 자기표현이 향상되는가를 체크한다.

재미없는 상사나 친구의 이야기를 끝까지 들어요

경청은 혼자 할 수 없는 훈련이다. 상대방이 있어야 서로 의미있는 대화를 하며 전달하려는 것이 무엇인지 정확하게 알 수 있기 때문이다. 글쓰기 읽기와 말하기 같은 능력과는 조금 다르다. 그래서 경청은 어렵다.

상대의 말을 소리로 들으면 뇌 속에서 무슨 내용인지 정리하고 생각하는 속도는 말로 주고받는 것보다 4배가 빠르다. 상대가 말하는 속도와 내가 생각하는 속도를 잘 맞추는 것도 듣기 훈련의 중요한 포인트다. 인내심을 갖고 끝까지 들어야 무엇을 전달하려는지 의도를 정확하게 알 수 있다.

왜 우리는 상대의 말과 생각의 의도를 정확하게 파악해야 하는가? 인간은 사회생활을 하면서 여러 관계를 맺고 사랑도 하며 가정을 갖게 된다. 처음 '저 사람은 나와 잘 맞아'라는 마음을 갖게 하는 것은 말을 듣고 반응하는 상태에서 시작된다. 이는 '티키타카[14]'이다. 내가 웃음을 주는 말을 하면 상대도 그 의미를 잘 받아서 빠르게 반응을 한다. 상대방의 〈생각의 순간〉을 어떻게 받아주고 이끄느냐가 처음의 호감도를 높이거나 낮게 만드는 영향을 준다.

경청은 듣고 해석해서 전달하는 반응까지 포함한다. 언어는 소통의 본질을 잃지 않는 차원에서 반응하는 것을 잘 배우는 것이 중요하다. 예를 들면, 반응의 순서를 아는 것, 반응의 무늬를 그리는 것, 반응의 깊이를 고려하는 것이다.

첫째, 순서를 아는 것은 너무 자신만 이야기한다던가, 상대의 이야기만 너무 듣고 있는 것도 바람직하지 않다. 자! 지금이 너의 〈생각의 순간〉을 반응할 적절한 시간이야 보여줘! 라는 것을 본능적으로 학습하고 실행해야 한다.

둘째, 상대의 말을 듣고 내가 보이는 반응의 무늬가 무엇이냐에 따라 〈생각의 순간〉은 다르게 반응한다. 슬픈 무늬인가! 기쁜 무늬인가! 이해를 구하는 무늬인가! 나를 알아달라는 무늬인가!를 잘 듣고 반응해야 한다.

셋째, 반응의 깊이다. 상대의 말을 듣고 깊이를 잘 이해하지 못하면 가볍게 하는 농담인지, 마음속 깊은 상처를 건드리는 말인지, 위로나 공감되는 말인지 모르면 소통력은 떨어진다.

말을 선택적으로 듣고 반응하면 진실은 와전될 수 있고 갈등은 증폭된다. 잘 듣는다는 것은 말하는 상대를 배려하기 위해 〈생각의 순간〉를 준비하는 것이다.

---

14) 이 말은 스페인어로 탁구공이 왔다 갔다 하는 모습을 뜻하는 말로 짧은 패스를 빠르게 주고 받는 것으로 최근 사람들 사이에서 주고받는 말과 생각이 막힘없이 잘 흐른다는 것을 의미한다.

FIFUSION에서의 실행력executive ability은 자기의 생각을 행동으로 옮기는 능력으로 목표나 임무를 달성하기 위해 필요한 적극성과 정신적(기억력, 통제력의 고급인지기능), 신체적(신체건강, 집중력)으로 견디는 능력을 말한다.

업무계획들은 모두 행동으로 옮겨요!

〈생각의 순간〉에 떠올리는 목표나 명확한 상상은 실행력에 강한 의지를 전달한다. 호흡이 긴 토론이나 생각 수업은 목표의 명확성을 갖는 과정에 해야 할 일들을 분명하게 보여준다.

자기의 실행력이 부족한 이유도 계획설계의 정확성과 깊이에서 온다. 이런 과정의 생각과 행동을 습관으로 만들지 못하면 실행력은 향상되지 않는다.

실행력을 향상하려면 자신의 상황과 목표를 고려하여 필요한 조치를 하거나 계획의 중요도를 선별하여 세우는 습관이 중요한데 그것은 〈생각의 순간〉에 떠오르는 핵심을 정리하고 계획을 세워 실행하는 것에서 습득된다.

연상력reminiscent은 언어를 듣고 읽을 때, 그 의미와 느낌을 순간적으로 이해하는 동시에 자기 생각과 감정을 바로 표현하는 능력을 말한다. 혹은 어떤 사물을 보거나 듣거나 생각할 때 그것과 관련된 사물을 머릿속에 연결하여 떠올리는 능력이다.

FIFUSION 에서는 자신의 행복에 대한 주관적인 느낌과 에피소드의 경험을 지금의 갈등과 해결해야 할 문제에 연결하여 긍정적인 사고와 사물을 연상하는 역량으로 개인의 삶의 질(행복감)을 평가해주는 기준이 된다.

책을 읽으면 행복한 기억이 떠올라요!

현재의 삶이 행복한 사람은 연상을 잘한다. 자신에게 일어나는 일에 대해 긍정적인 해석으로 정리하고 넘기는 사람은 지나간 과거가 행복한 기억으로 저장되기 때문이다. 이는 특별하게 필요한 이미지의 기억을 떠올려야 할 때, 〈생각의 순간〉에 필요한 아이디어를 잘 연결하도록 도와준다. 순발력있는 대답이나 문제해결, 갈등조절에 필요한 이미지언어를 적절하게 사용하도록 돕는다.

감정통제는 타인과의 감정관계에서 나를 통제하는 능력이다. 감정적으로 안정된 사람은 부정적인 감정까지도 잘 활용하는 사람이며 의도한 목표를 성취하기 위해 평소에도 자신의 감정을 잘 관리하는 리더들이다.

FIFUSION에서는 〈느긋함을 즐기는 능력〉으로 타인에게 들은 말을 묵혀두고 바로 표현하는 것을 자제하며 생각하는 시간을 확보하고 기다리는 동안 자신의 생각과 감정을 정리하고 통제하는 능력으로 분노와 갈등조절에 관련된 균형감정을 갖도록 돕는다.

오해를 받아도 기다리며 이해를 받을 수 있어요!

조급함이 많은 세상이고 기다리는 것과 상대를 배려하는 마음이 부족한 일상이다. 모든 것이 빠르게 해결돼야 하고 내 중심으로 처리되기를 바란다. 감정적 통제는 습관적 행동과 연관이 있으며 스트레스가 높아지면 감정의 강도가 제어되지 않는다.

상황에 대해 검증되지 않은 정보의 과부하나 심한 경쟁과 비교도 감정을 통제하기 어려운 환경 중 하나이다. 도전적인 환경과 일상에서 잠시 벗어나서 감정을 다루는 〈생각의 순간〉을 정리하는 것도 좋은 방법이다.

FIFUSION의 10가지 창의역량은
4가지의 사고유형과 연결되어 교육에 활용됩니다!

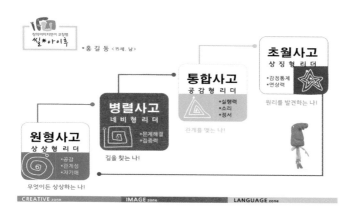

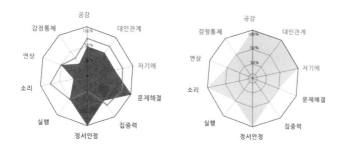

이미지코칭 ‖ 철학적 사고가 훈련되는 이미지연상법

우화는 동물들의 여러 상황이야기로 등장인물의 입장과 생각의 차이를 이미지로 배우게 하는 글이 많다. 짧은 글 속에는 소소한 교훈이 상징적으로 숨겨져 있다. 어릴 적 부모에게 우화를 들을 때면 아이는 상상하며 몰입한다. 그러나 성장하면서 더는 우화는 읽지 않는다. 상상과 이미지에서 본질을 찾지 않기 때문이다. 성장한 인간은 쉽고 익숙해져서 대중적인 것에는 큰 지혜가 없다고 생각한다.

호모사피엔스의 위대함은 한정된 수의 단어로 무한한 문장을 만들어내는 '언어의 창조성'에 있다. 다른 어떤 동물이나 기계도 할 수 없는 인간의 고유한 능력이다. 이미 인류는 선사시대부터 동굴벽화 속에 신화적 의미를 넣은 창조적 그림을 그렸다. 이러한 벽화의 이미지와 언어능력은 생각의 순간과 깊은 관계를 갖는다. 처음 말을 배우기 시작한 아이에게 색연필을 주면 아이는 알 수 없는 이미지를 그리기 시작한다. 정형화된 이미지에 반응하기보다는 추상적인 미완성의 이미지를 언어로 소통한다. 이미지언어는 인간에게만 부여받은 특권이다. 인간 이외에 의미있는 그림을 그리는 동물은 없다. 그 본능의 뿌리는 이미 호모사피엔스가 완벽한 언어체계를 갖추기 시작한 때와 구석기시대 최초로 표현된 그라피즘[15]graphism으로 알 수 있다. 그 시기의 이미지언어는 구상이 아닌 추상적인 것이 대부분이다. 어떤 것을 모방해서 그리는 것이 아니라 도형과 다양한 기하학적 모양의 기호들을 먼저 그렸다.

그림책이나 우화는 아이에게 이미지를 텍스트로 만나는 생각의 첫 경험을 준다. 우스꽝스럽게 말도 안 되는 생각의 순간을 떠올리며 배우는 기회를 얻게 한다.

---

15) 구상적인 상징 형태로 인간의 원초적인 사상을 표현한 것이다.(기원전 약 3만년전) 사물의 사실적인 묘사보다 주술적이고 종교적인 문제에 대한 추상조형으로 실물묘사가 아닌 상징적인 변환으로서 문서의 한 형태.

철학적 사유는 어디에 기초하는가? 보통 우리는 일반적으로 생각할 수 있는 것보다 좀 더 깊은 생각을 철학적 사유로 알고 있다. 어려운 말로 '본질 사고'라 한다. 본질 사고는 어떤 상황이나 배움에 원인과 결과를 정확하게 아는 것이다.

이런 정의로 보면 철학적 사고는 일반적으로 정리된 사고에 어떤 부분이 더해져야 한다는 의미이고 그것은 보편적인 생각이나 평균적으로 떠올릴 수 있는 자유연상의 생각은 아니다.

철학적 사고를 키우기 위해 많은 사람이 인문고전을 읽는다. 그 당시에 공부를 많이 했던 철학자는 어떤 생각으로 무엇을 고민했는지를 알 수 있는 기록이기 때문이다. 인간의 역사는 반복되기 때문에 과거에 배움에 대한 문제를 어떤 지식으로 정리했는지를 알면 현재와 미래의 지혜가 연결되어 있기 때문에 인문고전에 관심을 갖는다. 평소에 생각하지 못한 깨달음을 주거나 깊은 교훈으로 일상의 문제를 해결하도록 돕는 지혜를 주는 매력이 있다.

FIFUSION은 인문고전을 읽으며 어려운 지혜를 쉽게 정리하기 위해서 이미지로 상상하는 독서기술을 사용한다. 인간의 창의적 사고로 그려진 이미지는 앞에서 언급했듯이 선사시대부터 존재해왔다. 호모 사피엔스의 가장 중요한 본성 중 하나는 '이미지에 대한 사랑'이다. 그것은 대략 600만년전부터 시작된 호모 그라피쿠스로의 진화로 증명된다. 이미지를 사랑한 인류의 시각언어는 같은 무늬를 갖고 그대로 현대를 사는 우리의 환경으로 이어진다. 수없이 범람하는 디지털 정보 시대에 영상이미지언어는 다양한 매체로 만들어지고 전달된다. 영화, TV, 만화, 에니메이션, 광고, SNS, 인터넷 등이다.
근대문화의 경로를 요약하는 충돌은 사진과 인쇄술이다. 즉 이미지와 텍스트의 공존이라는 의미이다. 오랜 역사 속에 새로운 것들은 대부분 사진과 인쇄술의 직면이었다.

그런 이유로 새로운 세상의 언어는 역사의 반복적 사실로 보았을 때, 이미지와 문자가 충돌할 가능성이 높다.

다시 우화로 돌아와서, 이제 우리는 간단하고 쉬운 문장에서 본질을 찾는 훈련을 해본다. 글을 읽고 생각의 순간에 그려진 이미지가 현실을 해석할 수 있는 자유연상작용으로 이어져야 한다. 이 모든 기억의 작용에 필요한 재료는 이미지다. 이러한 메커니즘을 기본으로 우화를 읽고 가치관과 세계관에 대한 인간의 비전과 시각을 지금의 환경에 맞도록 새롭게 그려보자. 기존에 외우고 암기해서 알고 있던 상황 속 이미지의 복제나 연상은 내려놓고 생각의 융합과 분열로 그려진 하나의 핵심단어와 문장의 생성으로 주체적인 지식을 만들고 새로운 해석이 생성되는 것에 집중해 보자.

FIFUSION에 익숙해지면 어려운 텍스트의 나열이 쉽게 이해가 되고 읽어진다. 이 교육의 놀라운 효과와 드러남은 오래 걸리지 않고 몇 번의 반복으로도 체험이 가능하다. 경험적 근거를 소개하면 저소득 가정의 아이들이 공부하는 지역아동센터의 초등생에게 실시한 창의인문독서 논어교실(12주 진행)에서 아이들은 한 학기가 끝나기도 전에 공자의 논어를 집중해서 읽기 시작한다.

〈논어를 쓰고 읽는 아이들〉

〈FIFUSION - 우화편〉

우화토론과 이미지언어를 융합하여
생각을 정리한 문장 만들기

'사자 행세를 한 당나귀'에 제시된 우화의 짧은 문장을 읽고 120분간 토론이 진행된다. 단어 하나에 집중해 끝까지 생각을 짜내고 연결하여 이야기를 이어간다. 개인이 선택한 3개의 핵심단어를 정리하고 그와 관련된 관점과 일상을 토론하며 내용을 적는다. 주제에 대한 큐브 핵심단어가 정리되면 가장 중요한 핵심단어를 정하고 토론을 마무리한다. 오늘 토론의 핵심단어는 '행세와 실력'이다. 핵심단어가 결정되면 다음 페이지 상단에 융합핵심단어 〈배움〉을 쓰고 단어에 연상된 3개의 이미지를 그린다. 3개의 이미지가 완성되면 배움과 이미지를 융합하여 3개의 문장을 만든다. 각자 만든 문장과 이미지를 토론자와 나누고 3개의 문장을 다시 융합하여 최종 문장으로 정리하고 소리내어 읽은 후 독서수업을 종료한다.

'실력을 키우지 않으면, 거짓을 사용하게 된다!
잘난 행세를 하면 어느 날 나의 실체가 드러난다!

〈FIFUSION - 인문고전 독서모임〉 공자의 논어를 읽기 전에 이미 지언어로 핵심단어를 정리하면 문해력을 높이는 독서에 도움이 된다.

처음 아이들에게 논어를 가르쳐야겠다는 생각을 하고 나서 어떻게 하면 어려운 내용을 쉽게 교육할 수 있을까 고민하였다. 논어에는 공자가 이야기한 여러 가지의 핵심단어가 나온다.

학(學) 효(孝) 인(仁) 의(義) 예(禮) 지(知) 신(信) 행(行)
서(恕) 군자(君子) 위정(爲政) 충(忠) 등

위에 단어는 철학적 사고에 자주 등장하는 단어로 모두 비규칙언어이다. 비규칙단어는 100명에게 무엇이냐고 정의를 물어보면 100명 모두 다르게 답할 수 있는 단어이다. 하나의 정답이 없는 물음이기에 이해의 폭도 넓어야 한다. 내 생각도 있지만, 타인의 생각도 경청하는 유연함이 필요하다. 이것은 1+1=2의 과학적 혹은 수학적 사고와는 다른 배움이다.

인문고전을 읽으며 논어에 등장하는 비규칙단어의 의미가 정리되지 않은 상태에서 원문 문장(텍스트)을 읽으면 학생은 대부분 읽기에서 집중력이 떨어지거나 호기심을 유지하지 못한다. 이는 교사나 부모 및 직장인도 동일하다.

새로운 세상에 새로운 언어를 이해하고 배울 때, 인류가 그래왔듯이 이미지와 문자는 함께 한다. 인간의 인지는 중요한 도구이며 장점이다. 날아오는 탁구공은 그 속도를 측정할 수 없을 정도로 '찰라'이지만, 특별한 사람이 아니어도 작고 빠른 탁구공을 받아친다. 머릿속으로 무엇인가를 생각하고 계산해서 몸을 움직이지 않는다. 우리에게 새로운 '생각의 순간'이 요구될 때도 마찬가지다. 그런 측면에서 인문고전과 이솝우화의 문장들은 이미지를 찰나보다 빠르게 떠올리고 연상하기에 아주 좋은 이야기이다.

답이 명쾌한 이야기는 더이상 이미지를 연상하게 하지 않지만, 상징적인 작품(시, 인문고전, 추상화, 우화, 서사시 등)은 이미지의 소란스러움과의 사유의 충돌이 일어나는 강점이 있다.

다시 논어로 돌아와서 공부방 아이들에게 논어교실을 진행하기 전에 아래의 FIFUSION 생각의 순간을 체험하고 진행하였다.

FIFUSION 생각정리교육	
학(學)	직선을 활용하여 학(學)의 의미를 이미지언어로 이해
효(孝)	곡선을 활용한 효(孝)의 의미를 이미지언어로 이해
군자 (君子)	공간속에서 서로의 무게로 자신도 존재할 수 있는 모빌의 균형으로 군자(君子)의 소통체험
인(仁)	글자, 기호, 이미지를 활용하여 인(仁)의 의미 이해
예(禮)	빛을 활용하여 어둠 속에 빛나는 예(禮)를 이미지화
지(知)	움직이는 영상을 통해 지(知)의 속성체험〈미래예측〉
행(行)	모션(Motion)을 통하여 행(行)함의 의미를 이미지화
서(恕)	이미지 재구성(꼴라쥬)를 통하여 용서(恕) 하고 받아들이는 개방성, 역지사지의 시각화언어 이해
신(信)	보여지는 관점과 시각에 따라 달라지는 그림자로 서로를 형상으로 믿음(信)의 이미지언어 이해
충(忠)	모래를 활용하여 작은 알갱이들이 모여 하나의 의미를 만들어내는 충(忠)의 이미지언어 체험

*인문고전 이미지언어로 배우기 – 논어편 커리큘럼

사유에 대한 이유를 찾아라!

하던 대로 생각하던 간격
행동으로 늘 확보되던 공간
그러나
가끔은 하던 대로 하고 싶지 않을 때가 있다.
왜 그렇게 하고 싶은지에 대한 이유를 생각한다.
이유를 찾으면
생각하던 간격과 행동하던 공간이 바뀐다.
답답하게 해결 방법을 찾지 못하던 문제의
새로운 답이 찾아지는 과정을 경험한다.

이따금 이유를 찾는 성취동기의 물음은
새로운 답을 찾을 수 있는 원동력이 된다.

일상의 모든 사유에 대해 이유를 물어보자.

전지전능한 반신반인 길가메시가
야만인 엔키두를 만났을 때,

네발로 걷던 호모에렉투스가
두 발로 걷는 호모 사피엔스를 만났을 때,

삐삐(호출기)가 핸드폰을 만났을 때,

소리만 듣는 인간과 보기만 가능한 인간이 만났을 때,

직선나라 인간이 동그라미 나라에 빠졌을 때,

전통국악과 현대의 팝이 만났을 때,

MP3 플레이어가 스마트폰(아이팝)과 만났을 때,

네이버, 구글 검색엔진이 chat GPT를 만났을 때,

새로운 문명의 기원은 진화된 것과 부족한 것의
만남에서 발전하고 시작된다!

FIFUSION 생각공식 〈T=W*3i〉으로 창의사고 정리하기

　〈씰〉생각정리공식은 학습자에게 주어진 매체(이미지, 도형, 숫자, 직선, 곡선 등)에 대한 이미지 반응과 읽기 반응을 추측하고 확산적 사고로 상상하는 융합과 분열을 반복하게 함으로써 생각, 감정, 행동의 핵심단어와 주제문장을 구상하고 결정하는 생각정리과정이다. 생각을 이미지언어로 변환해주는 프로세스로 정리된 공식이다.

　이 공식은 수천 명의 학습자와 함께 수업을 진행하면서 불필요한 과정은 빼고 필요한 4단계의 과정을 생각의 순간에 적용할 수 있는 방법을 구체화한 것이다.

　글을 읽고 글에서 중요한 한 단어를 선택한 다음, 그 단어에 연상한 3개의 이미지만 있으면 창의적인 생각은 만들 수 있다는 목표를 학습시켜준다.

　FIFUSION 생각정리 공식은 독서토론에 적용하여 생각을 정리하도록 돕고 수업 시작 전에 다양한 장르의 소리(클래식, 재즈, 국악, 거리공연, 팝 등)를 듣고 공식을 통해 색다른 생각의 무늬를 만드는 과정을 경험하게 한다. 학습자가 경험할 수 있는 재료들은 어떤 것이든 사용할 수 있다.

추상 & 상상

촌철살인(寸鐵殺人)...단 한마디로 끝내라!
마음을 헤아려주는 진심의 한마디
상대의 심리를 알고 좋아하는 것으로 말하라!
자신 있는 사람은 말이 간결하다!
말은 뜻을 전달하면 그만이다!
평범한 말 속에 깊은 뜻을 담아라!

온고이지신(溫故而知新) 가이위사이(可以爲師矣)

식어버린 것에 따뜻한 온기를 상상하면 그곳에 새로움이 있다.

– 공자 –

〈생각을 공식으로 배우는 FIFUSION 독서교실〉

〈생각정리공식을 적용한 FIFUSION 창의프로그램〉

〈다양한 소리로 감정과 생각을 유발, 논어의 핵심토론하기〉

〈생의 상징성과 니체의 핵심문장을 연상하며 토론하기〉

〈다양한 조형작품이나 추상화로 다빈치의 생각연상하기〉

상상과 추상의 균형

FIFUSION의 중요한 핵심단어는 상상력과 추상력이다. 추상은 복잡한 이미지의 형태에서 간단하게 자신의 핵심단어를 찾는 것이고 상상력은 작은 것으로부터 큰 방향으로 퍼져나가는 것으로 하나의 단어에서 문장과 이야기로 의미를 확대하는 것이다.

▌상상과 추상의 관계

FIFUSION의 미션은 인문고전, 복잡한 추상화작품, 이솝우화, 과학, 조형작품 등이 말하는 다양한 개념에 내 생각을 압축하는 것이다. 이것은 모두가 알고 인정하는 보편적이고 평균적인 사고의 틀은 아니지만, 지금의 미디어 산업혁신 시대에 필요한 언어기능이다.

일상의 복잡하고 다양한 문제에 직면했을 때, 그 문제를 발견하고 이해, 해결하는 과정에서 필요한 것이 상상과 추상력이다.

상상과 추상력은 문제의 핵심을 다양한 각도에서 추리하고 접근하게 한다. 이는 많은 정보 속에서 우선순위를 가려내는 유연한 사고로 자기결정력을 높여준다. 다른 사람이 찾아주는 답으로 문제에 접근하는 것은 상상과 추상적 사고를 향상하지 못한다.

문제와 갈등으로 찾아온 내담자는 종종 장황하게 많은 것을 나열한다. 그래서 어쨌다는 것일까요? 문제의 핵심이 무엇일까요? 라고 질문하면, 글쎄요? 다 중요해서요! 라고 답한다. 중요한 것에서 우선순위를 가려내는 도구가 상상과 추상이다. 다 중요하다는 말은 자기 문제에 대해 깊이 정리가 되지 않았다는 것이다. 무엇이 가장 큰 문제인지 순위를 정하고 중요한 것부터 먼저 이야기하면서 그것과 관련된 것을 해결해 나가도록 코칭한다.

자신의 문제를 말하는 사람의 대부분이 과거에 있었던 일부터 이야기를 하기 시작해서 최근에 겪은 일을 말한다. 문제를 뒷부분에 말하는 내담자와의 만남에는 인내심이 필요하다. 여러 상담요인 중에서 핵심적인 것을 선택하기가 쉽지 않다.

문제란 서로 얽혀 있다. 많은 원인을 다 열거한다면 결국, 모든 것이 중요하게 된다. 그러면 모든 문제를 하나씩 다 해결하고 결정해야 하는 부담이 생긴다. 문제의 해결보다는 꼬리에 꼬리를 무는 나열과 순환으로 상황은 더 복잡해진다. 문제를 객관적으로 보는 것은 갈등을 정확하게 보도록 하는 방법이다. 그러기 위해 기존의 시각을 흔드는 훈련이 필요하다.

FIFUSION코칭의 핵심은 중요한 것을 먼저 요약하고 우선순위의 것을 선택하는 과정에서 추상적 사고를 적용하는 것이다. 논문이나 칼럼의 도입 부분에 문제 제기가 정확하게 정리되었다면 작업에 50%는 해결된 것이다. 이는 내담자가 현재 처한 문제의 해답이 자신에게 있다고 정리된 것과 같다.

문제가 심각한 중독(도박, 게임, 술 등)일수록 그 원인이 자신에게 있다고 인정하지 않는다. 당사자는 늘 피해자이며 현재 겪고 있는 다양한 갈등과 문제의 원인은 주변 사람과 물리적인 환경에 있다고 확신한다.

고착화된 학습자의 생각에서 다른 사람의 시각을 받아들이고 보는 일은 쉽지 않다. 스스로가 창의적인 생각을 생성하고 그 생각으로 정리된 마음을 행동으로 옮기도록 도와야 한다. 추상적 사고와 나란히 연결된 상상력은 "절친"처럼 붙어 다닌다. FIFUSION 토론에서 절친을 경험하며 훈련해보자.

일상이 되어버린 온라인 이미지언어 소통도구(SNS, 페이스북, 인스타그램 등)에는 특히 작은 일, 소소한 생각과 감정과 행동을 표현하는 것이 대부분이다. 소통도구의 공간에 일기를 쓰듯이 의미를 정리하는 것은 나와 타인에게 공감을 만들고 연상하는 연결고리가 된다. 익숙해진 SNS 공간속에 나만의 독창적인 상상력으로 '생각의 순간'을 기록해보자.

혁신적 사고의 대부분이 작은 의미를 품고 불완전한 상태로 시작된다. 의미의 정교함이 비로소 정리되었을 때 변화가 시작되듯이 반복된 혁신적 사고의 경험은 빙산처럼 작게 드러난 것에서 큰 몸통을 보는 즐거움으로 성장한다. 세상에 사소한 것은 없다. 그 의미를 우리가 상상하거나 추측하지 못할 뿐이다.

▌창의언어를 확장시키는 공식

책을 읽고 글을 쓰며 토론하는 행동은 불편하다. 이는 미디어 영상으로 대체되는 편리함과 접근성에 압도되기 때문이다. 새로운 정보습득의 방법으로 대부분의 사람이 유튜브와 구글, 페이스북, 쳇GPT 등의 빠른 반응에 익숙해져 간다. 여기에 관해 더 이상의 이유도 묻지 않는다.

FIFUSION 독서코칭도 영상과 미술 매체를 사용한다. 그러나 매체 사용의 우선순위와 활용의 중요성은 검색을 통해 바로 답을 찾는 방식과는 다르다.

영상은 인간의 상상력에 위력적인 전달력과 연관성을 배우기에 좋은 도구임에는 분명하다. 그러나 영상이 보여주는 의미와 가치를 다양한 사고와 감정의 언어로 정리하지 않으면 가벼운 지식이 될 수 있고 강한 중독성에 의지하는 인간이 될 수 있다. 끊임없이 질문하고 창의적인 생각을 영상언어에 넣는 훈련은 스스로 변화와 혁신을 이끄는 리더로 성장하는 기회를 만들어 줄 것이다.

딴생각코칭 : 직선, 곡선, 도형으로 〈딴생각〉만들기

직선은 두 점을 무한히 이어붙인 도형이다. 어떤 두 점을 선택해도 항상 직선상에 놓이며 동일한 방향을 갖는다. 직선의 주요 특징과 본질은 어떤 두 점을 선택하더라도 이 두 점을 무한히 이어붙인 형태이므로, 두께가 없고 길이가 무한하다.

곡선은 수학적으로 무한히 많은 연속적인 점으로 이루어진 도형이다. 모든 점은 서로 연결되어 있으며, 각 점에서의 곡선방향은 변할 수 있다. 이를 곡률이라고 한다. 곡률은 곡선의 모양을 결정하는 중요한 특성 중 하나다. 곡선은 다양한 모양과 종류를 가질 수 있다. 수학, 공학, 물리학, 컴퓨터 그래픽스, 경제학 등 다양한 분야에서 중요한 개념으로 사용되며, 다양한 응용 분야에서 활용된다.

도형은 평면상에서 윤곽이나 경계를 가진 기하학적인 객체 또는 형태를 말한다. 도형은 다양한 형태와 크기를 가질 수 있으며 형태과 크기에 따라 넓이나 면적도 다르다.

 꼭지점(점의 연결 지점), 변(두 점을 연결하는 선분), 그리고 각(두 변이 만나는 지점)으로 다양한 종류와 형태를 만든다. 주요 도형으로는 삼각형, 사각형, 원, 다각형 등이 있다. FIFUSION 코칭에는 주로 삼각형을 사용한다.

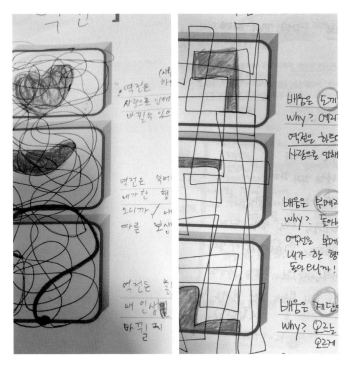

<곡선과 직선을 활용한 생각정리노트>

딴생각originality은 미리 정해진 틀에서 이탈하여 현실의 환경에 주의를 기울이지 않고 다른 시선으로 생각을 떠올리는 것이다. 어릴적 부모나 교사에게 많이 들었던 말 중에 하나는 딴생각하지마라! 쓸데없는 생각하지 말고 공부나 해라!는 말이었다.

그러나 세상이 바뀌었다. 이제는 딴생각을 해야하고 쓸데없다고 생각되는 것이 필요해졌다. 누구나 쉽게 따라하는copy 생각은 주체적이지 못하고 경쟁력이 없다. 아쉬운 것은 딴생각을 하라고 시간과 기회를 줘도 하지 못하는 상황이 되었다는 것이다.

고3 때까지 사과를 보고 공식대로 그려서 미술대학을 가면 첫시간에 듣는 교수의 미션은 창의적으로 사과를 그려보라는 것이다. 우리는 지금까지 정해진 틀과 형식에 의해 딴생각을 가두어 두었다. 그러나 우리의 세상은 딴생각을 통해 바뀌어 왔고 쓸데없다고 신경쓰지 말라는 생각으로 혁신이 만들어지는 시대에 살게 되었다. 엉뚱한 생각으로 발명된 것 중 일부는 혁신적인 결과를 낳았고 우리의 일상과 삶의 가치를 바꾸어 놓았다.

〈딴생각의 순간〉에 일어난 혁신적 아이디어들

첫째, 포스트잇 메모다. 스펜서 실버, 아메리칸 사이언티픽 컴퍼니(3M)의 공학 연구원은 강력한 접착력을 가진 재료 개발을 시도하던 중, 실수로 약한 접착력을 가진 물질을 발명했다. 이 실패가 포스트잇 메모의 기원이 되었다.

둘째, Alexander Graham Bell의 전화기는 원격 의사소통을 혁신적으로 개선했다. 셋째, 인터넷의 시작은 정보 공유와 연결성에 혁신적 변화를 가져왔다. 넷째, Ray Tomlinson이 개발한 전자메일로 신속한 메시지 송수신을 가능해졌고 Charles Babbage와 Alan Turing의 노력으로 컴퓨터가 개발되어 현대 기술을 이끌게 되었고 휴대폰의 등장으로 이동 중에도 통신이 가능해졌다.

이외에도 항생제, 인공 심장, 인공위성, GPS, 인공지능, 텔레비전, 자동차, 항공기, 소프트웨어, 인슐린, 플라스틱, 생물학적 공학, 태양 전지 패널, 전기차 등 무궁무진하다.

 이것은 일부 중요한 아이디어와 발명품에 대한 목록일 뿐이며, 더 많은 혁신적인 개념과 제품이 우리의 세상을 변화시켜 왔고 기존의 것에 '딴생각'을 묻는 질문으로 실수나 실패, 쓸데없는 아이디어가 우리에게 따뜻한 온기가 되어 일상을 바꾸는 환경이 되었다.

생각의 순간에 떠오른 것을 마음껏 그리며
해담(8세)이와 딴생각을 이미지로 대화합니다!

FIFUSION 선*도형코칭을 따라 해보자. 직선, 곡선, 도형나라로 구분하여 3장의 종이를 제공하고 마음껏 표현하여 그리게 한다. 처음 직선나라는 방향이 바뀔 수는 있지만 끊어지지 않는 한 개의 선으로 직선의 특성을 살려 그린다. 곡선나라도 같은 방법으로 곡선만 있도록 그리며 끊어지지 않는 한 개의 선으로 표현해본다. 마지막 도형인 삼각형은 따로 떨어질 수도 있고 연결도 가능하도록 그린다.

이렇게 완성된 3개의 작품속에 숨어 있는 여러 형태에서 30초의 시간을 주고 다양한 캐릭터를 찾도록 한다. 생성된 캐릭터의 제목과 설명을 붙여보는 것도 좋다. 이것은 에니메이션에서 캐릭터의 이력서를 만든다고 한다. 장단점, 좋아하는 음식, 나이, 사는 곳 등을 설정하여 여러 가지로 생각이 연결될 수 있는 기초작업을 한다.

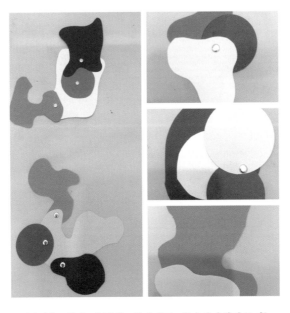

〈곡선*도형을 융합한 캐릭터로 에니메이션만들기〉

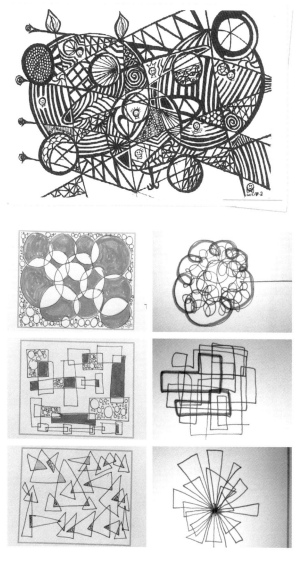

〈곡선, 직선, 도형을 활용한 작품들〉

생각융합코칭 : 숫자이미지로 융합사고 체험하기

숫자는 수량, 크기 또는 순서를 나타내는 기호나 기호의 집합을 말한다. 주로 0부터 9까지 숫자로 표현되며, 이러한 숫자를 사용하여 수학적 연산, 계산 및 정보 표현이 가능하다. 숫자는 일상생활에서 빈번하게 사용되며, 정수, 분수, 소수 등 다양한 형태로 나타낼 수 있다.

FIFUSION 숫자이미지언어는 0~9까지의 숫자가 갖고있는 상징적인 의미를 알아보고 연상되는 이미지를 그린다.

숫자와 연결된 이미지가 완성되면 각자 어떤 이미지를 상상했는지 소개하는 시간을 갖는다. 이후 만들어진 이미지를 활용하여 전화번호나 생년월일 등 순서가 있는 숫자 배열에 맞춰서 이미지를 활용하여 스토리텔링을 만든다.

숫자이미지로 만든 스토리텔링은 단순하고 간결해야 한다. 숫자로 연상된 이미지가 복잡하거나 바로 연결이 되지 않는 이미지라면 자신도 기억하기 힘들고 상대방도 이미지를 기억하기 힘들다. 이렇게 되면 언어로서의 소통기능은 떨어지게 된다.

첫째, 숫자와 연상된 이미지는 단순해야 좋다. 복잡하거나 연결점이 떨어지는 자기만의 이미지는 상대방이 기억하기 어렵다. 결국, 언어는 소통을 위해 훈련하는 것이기 때문에 기억하기 쉬운 이미지를 연상해야한다.

둘째, 숫자의 발음과 연결된 이미지면 좋다. 예를 들면 숫자 4라고 했을 때 연상되는 이미지는 '사다리'이다. 5는 '오징어'일 수 있겠고 9는 '구름' 등으로 발음과 바로 연결되는 이미지를 찾기가 쉽고 빠르게 떠올릴 수 있는 방법이다.

여기까지 작업이 되었으면 각자 갖고있는 숫자〈생일이나 전화번호 등〉을 활용하여 배열 순서에 맞게 이미지로 이야기를 만든다.

셋째는 전화번호 8자리 숫자와 연상해서 만든 이미지를 활용해서 새로운 이야기를 만든다고 할 때, 복잡하고 긴 의미의 이야기로 문장을 늘리면 상대방이 전화번호의 배열을 알아차리지 못할 수 있다. 이것은 평소에 상대방에게 내가 어떤 의사소통을 하고 있는지에 대한 습관과 방법을 보여준다. 자기만의 생각에 빠져서 난해한 언어로 소통을 한다면 상대의 공감을 받지 못하는 관계성을 갖게 될 가능성이 크다.

나만 알고 있는 고유한 이미지로 그것도 길게 만들어진 이야기를 듣고 원래의 숫자 배열을 맞춰야 한다면 어려운 소통이 된다. 숫자처럼 간결한 이미지로 내 생각을 정리하고 상대로 바로 알아들을 수 있는 언어로 소통을 하는 것이 목적이다.

여러 해 '소리를 보여주는 사람들(소보사)' 청각장애 친구들이 모여 공부하는 대안학교 교사와 FIFUSION 생각정리수업을 하였다. 손으로 언어를 만들어 소통한다는 것은 모든 의미가 이미 손의 이미지언어로 만들어진 결과물이다. 어느 날 말로 설명하기 어려운 단어를 단순한 손으로 표현하여 쉽게 전달되는 경험을 하고 이 친구들과 이미지언어 수업을 해봐야겠다고 생각했다.

　청각장애학교 교사와 수업을 하면서 선명한 색감과 명쾌한 이미지 표현에 놀랐다. 충격적인 사건은 당시 소보사 단체의 대표에게 아들(8세)이 있었는데, 어릴 적 수화를 먼저 배우고 말과 글을 배웠다는 이야기를 듣고 대화를 해보니, 어린 나이임에도 대화를 예측하며 상상하고 추측하는 생각과 말 표현, 구사하는 단어와 생각의 순환이 나이에 비해 매우 빠르다는 것을 발견했다. 이미지언어의 강점을 활용한 언어표현으로 아무리 어려도 그 수준에서 대화하며 앞으로 일어날 일들이 이미지로 그려진다면 그것은 통찰력이고 지혜가 된다. 한국어를 배우기 전에 손으로 이미지를 그리며 소통하는 수화를 먼저 가르친 것이 융합언어로 나타난 경험이었다.

청각장애 학생과 교사 〈숫자이미지언어수업〉

창의인지능력

창의적 지식을 얻도록 돕는
심리적 태도와 인식 등
정의적 영역식의 고정관념,
편견, 행동의지 발현 등의
창의성 억제요인의 수준

교육이나 경험을 통해 습득된
창의성역량에 도움이 되는
지식적 수준
창의적 능력을 이끌어내는 데
필요한 연관지식과 기능

행동심리요인

실행행동역량

문제의 해결책을 만들고
융합하여 지속화하려는 능력

창의적 역량이나 태도가 있어도
실제 행동으로 이행하려는 수준

제7부 창의이미지언어 활동사례들

*마음속 생각을 거리에 그려라! 〈FUN STREET PAINTING〉
*창의문제해결역량캠프 〈아빠와 함께 무인도 살아남기〉
*이미지언어로 최고의 상상력 만들기 〈I*FUN영화제〉
*청소년이 배워 아동의 멘토가 되는 〈청소년창의독서봉사단〉
*FIFUSION 교사연수/자격과정
*미국, 브라질, 아프리카, 인도네시아 등 창의언어교육
*그냥 늙지 마라! 시니어 디지털창의한글교실

<FIFUSION Draw 숫자로 이미지언어만들기>

마음속 생각을 거리에 그려라! FUN STREET PAINTING

어릴 적 담벼락에 그림을 그리거나 낙서를 하는 놀이는 꿈만 같은 즐거운 일이었다. 누군가 그려놓은 그림은 웃음을 자아내게 하고 써놓은 낙서는 아이들의 그 당시 마음을 읽을 수 있는 증거가 된다. 왜 담벼락이나 땅바닥에 그림을 그리는 것이 신나고 재미있을까? 그것은 보통 그림을 그릴 때, 도화지나 노트, 종이 위에 그리기 때문이다.

우리에게 주어진 익숙한 공간(노트와 도화지)에서는 딴생각creative을 떠올리기란 어렵다. 그러나 질감이 다른 아스팔트나 담벼락은 이미 공감각적 환경이 주어진 것이다. 평소에 그리기 실력만 있다면 호기심과 재미는 배가된다. 종이 위에서는 느끼지 못하는 감각이 발휘되고 시각이 바뀐 아스팔트나 혹은 벽에서 느끼는 차이로 평소와는 다른 상상력을 유발시키고 연결하는 '생각의 순간'을 만나게 된다.

풍성하고 복잡한 인간의 뇌는 촉각, 시각, 미각, 청각 등 여러 감각을 쓸 수 있는 경험을 즐거워한다.

거리페인팅은 아동에서 부모, 교사가 함께하고 장애인과 비장애인의 차이를 공감각적인 공감력empathy으로 한 공간에서 표현하고 소통하는 행사로 국내에서는 최초로 진행되었다. 1회는 국회의사당 앞, 2회는 광화문광장이 열리는 날 기념행사로 기획되었다.

그 당시 네이버 검색창에 거리페인팅을 검색하면 미국 백악관 앞에서 예술가가 3D로 그린 사진과 글만 보였다. 개인적으로 프로그램을 기획할 때, 누군가 하지 않았던 분야에 처음 시도해보는 것이 FIFUSION의 가치와 생각의 독창성에 연결된다고 본다.

1,000개의 블록에 20여개 대학봉사자와 저소득가정의 아이들, 미취학아동에서 어른에 이르기까지 다양한 참가자의 이미지가 국회의사당앞 아스팔트에 그려졌다.

10월 국감이 진행되던 예민한 시기에 그려진 거리페인팅의 이미지는 일주일간 많은 사람에게 행복한 마음과 따뜻한 미소를 짓게 하였다.

이후 한동안 네이버와 구글 검색창에서 거리페인팅과 Street Painting을 검색하면 국회의사당앞과 광화문광장에서 진행된 행사 이미지를 볼 수 있었다.

창의문제해결역량캠프 〈아빠와 함께 무인도 살아남기〉

어릴 적 읽은 책 속에 무인도는 자주 등장하는 아이들의 마음속 상상공간이다. 많은 어려움을 이겨내고 주인공은 무인도를 탈출하며 이야기는 끝이 난다. 아이들에게 마음속 상상을 직접 경험해주고 무인도라는 제한된 공간에 갇히게 되었을 때, 탈출하기 위해 문제를 해결해가는 과정을 아빠와 아이들이 함께 해결하며 생존하려는 자립성과 가족애 및 모험성을 추억으로 심어주고자 기획되었다.

인천 앞바다에 사승봉도라는 20만평의 섬이 있다. 아무도 살지 않는 개인이 소유한 섬이다. 양해를 얻어 행사는 진행되었고 참가자들은 인천 연안부두에 집결하여 섬으로 출발했다. 참가자의 가족소개가 끝나고 높지 않은 섬의 정상에 올라보고 통나무로 집만들기 체험을 시작한다. 행사에 참여하는 아빠는 절대 노트북과 핸드폰, 햇반 등을 가져올 수 없고 섬에 도착하게 되면 가정마다 2인용 텐트가 지급된다. 평소 야외용 텐트를 설치해보지 않은 아빠는 시작부터 가족의 잔소리를 들으며 헤매기 시작한다. 장작불에 감자도 구워 먹고 무인도에서 살아남는 생존법칙을 공부하는 체험을 하나하나 경험해 간다.

무인도라는 공간의 설정된 극한의 고립과 활용자원의 무(無)로 어려움에 빠져도 창의적 사고로 갈등과 문제를 해결하는 생존전략은 다양한 프로그램으로 준비되었다.

날씨 예측하는 법, 물 정수하는 법, 방향탐지법, 불피우기(렌즈, 마찰열), 동물덫 만들기, 어살만들어 물고기 잡아보기, 갯바위에서 우럭낚시, 물고기 훈제하여 구워먹기, 북극성 관찰하기, 랜턴켜서 게잡기, 이후 튀겨먹기, 조개채취, 구조신호 보내기, 물속에서 기마전 등 도시에서는 상상할 수 없는 프로그램들을 체험하고 표류 마지막날 최종미션 뗏목 만들어 탈출하는 가족사진 찍기로 종료된다.

파도 소리가 철석이는 바닷가를 배경으로 해가 넘어가고 어둠이 찾아온 표류 둘째날 휴대용 랜턴으로 얼굴을 비추고 함께 온 30여명의 참가자 앞에서 자녀들은 자신의 마음속 꿈을 이야기한다. 꿈은 진정성을 타고 부모의 마음에 전달된다.

행사를 마치고 무인도를 떠나며 아빠 참가자는 평생 잊을 수 없는 좋은 추억을 만들고 간다! 는 말을 한다. 마음속에 좋은 기억들은 행복한 사람을 만든다. 긍정적인 추억이미지는 다양한 사람의 행복한 생각이 저장된 창고의 보물과도 같다. 이것은 어른이나 아이에게 동일하게 적용된다. 현실에서 발생한 문제를 해결하는 데 필요한 해답을 떠올려야 할 때, 이미지 연상력이 탁월한 사람은 과거에 행복한 기억이 많이 저장된 사람들이다.

이미지언어로 최고의 상상력만들기〈I*FUN영화제〉

애니메이션에서 쓰는 영상을 만드는 기법은 FIFUSION의 주요 스킬이다. 세상에 없던 캐릭터를 만들고 만들어진 캐릭터에 이런저런 특색과 특성을 입혀 정리된 이후, 어떤 이야기로 전개할 것인지 스토리텔링을 짠다. 사건의 장면마다 등장하는 캐릭터의 특성을 배려해서 움직임이 결정된다. 1초의 영상이 움직이려면 24컷의 이미지가 필요하다. 아이들은 10초의 영상을 만들기 위해 240컷의 이미지를 찍고 계산하며 추측하고 정교하게 캐릭터를 움직인다.

참을성이 없는 친구는 영상을 만드는 과정에서 240컷의 이미지를 만들지 못하고 귀찮아한다. 탄탄한 스토리텔링이 만들어지지 않았을 때는 더 자주 나타나는 현상이다. 상상력이 잘 적용된 자신의 이야기가 영상으로 만들어지면 아이는 호기심과 재미를 잃지 않으며 끝까지 자신의 창의적인 영상작품을 상상하고 즐거워한다.

하루에 2시간씩 쉬는 시간도 없이 8~9세 초등저학년이 몇주에 걸쳐 영상제작에 참여한다. 영상은 거짓말을 하지 않는다. 집중해서 열심히 참여한 영상과 한 장면이라도 소홀히 하여 만든 영상은 누가 이야기 할 것 없이 스스로가 보면 안다. 그런 특성들이 다음 작업을 할 때, 집중력을 잃지 않도록 도움을 주는 자극이 된다.

작업하는 아이들과 약속을 한다. 너희가 만든 창의영상작품은 진짜 영화를 상영하는 영화관에서 영화제로 상영될꺼야! 하고 말해주면 아이들은 '진짜요'하고 다시 묻는다.

이미지언어를 습득하고 이해하기 위한 그룹 영상작업은 아이들과 약속한 것처럼 2번의 영상제로 영화관에서 상영되었다. 영화제에 초대받은 아이들은 이미 영화감독이 되어있었고 초대한 친구들에게 저 영상이 어떻게 만들어졌는지 과정을 이러쿵저러쿵 설명하며 들떠있다. 교육에 참여한 아이는 〈마음속 생각이 현실의 영상 언어로 어떻게 움직이고 만드는지에 대한 과정의 목표가 명확〉하게 훈련된 것이다.

목표를 실현하기 위한 과정이 명확해진다는 것은 마음속에 무엇이 되어야겠다는 꿈을 꾸면 스스로 현실에서 무엇을 해야 할지 아는 아이들로 성장시킨다. 최근 청소년과 청년의 사회문제는 스스로 무엇이 되어야 하는지와 무엇을 해야 하는지 명확하게 알지 못한다는 것이다.

청소년이 배워 아동의 멘토가 되는 〈청소년창의독서봉사단〉

2013년 여름, 대한민국은 한창 인문학 열풍이 불고 있었다. 모든 분야에서 인문고전과 연결된 강의가 생겨나고 철학과 고전이 지금의 역량과 연결된 창의적 사고라는 컨셉으로 대중들의 관심도는 뜨거웠다. 그러나 대학교수, 특별한 강사에게 인문학 강의를 매주 듣는다는 것은 쉬운 일상이 아니다. 또한, 깨닫게 된 철학적 사유를 삶에 적용하는 방법은 또 다른 문제였다.

이런 어려움에도 온 국민이 인문고전을 읽어야 한다는 중요성을 인식하게 된 것은 FIFUSION 창의수업에 좋은 기회가 되었다.

대한민국에는 청소년이 상급학교에 진학하기 위해 자원봉사를 의무적으로 한다. 이는 순기능도 있고 역기능도 있다. 이 제도를 활용하여 1365포털사이트 국가 자원봉사시스템이 활성화되었고 창의언어센터는 중, 고등학생에게 매주 토요일마다 〈창의인문독서봉사단〉이라는 제목으로 봉사단을 모집하였고 예상 밖으로 매주 신청자가 늘기 시작했다. 2013년 시작된 봉사활동은 코로나19로 줌온라인 활동으로 이어져 현재까지 450주가 넘는 창의재능 독서봉사로 이어지고 있다. 단회성이 많은 한국의 청소년봉사활동의 한계성을 깨고 중1학년에 신청하여 고3까지 지속하는 활동모델이 되었다.

이 재능기부 독서봉사자는 매월 1,2,3주 토요일에 창의독서교실에 참여하여 FIFUSION 독서법을 배운다. 이 과정은 학생의 입장에서 생각과 질문을 습득하고 마지막 4째주 토요일은 한 달간 배운 재능을 멘토로 기부하는 날이다. 저소득 가정의 아이들이 공부하는 〈지역아동센터〉에 방문하여 습득한 것을 공부방 초등생에게 가르치는 창의독서토론의 교사입장이 된다.

〈FIFUSION 창의독서봉사단〉회원을 처음 신청할 때에는 몇 가지 조건이 따른다. 보편적인 청소년봉사활동은 주로 행사에 참여하는 단회성의 활동으로 봉사시간을 채우는 형태가 많다.

단회성의 봉사는 서비스를 받는 사람과 주는 사람 모두에게 큰 효과를 기대하기 어렵다. 봉사의 효과성을 높이려면 최소 6개월에서 1년은 매주 센터에 나와서 배우고 가르치는 봉사활동준비를 해야 하고 이를 위해 참여활동에 대한 서약서를 써야 한다.

혹시라도 중간에 활동을 그만두면 교사와 학생의 1:1 배움에서 맺어졌던 공부방 아동에게 상처를 줄 수도 있고 지속성이 떨어지면 아이들이 독서에 흥미를 잃을 수도 있기 때문이다.

FISUSION 청소년봉사활동이 오랫동안 지속되는 이유는 활동자체가 주는 호기심과 재미, 창의적인 가치들, 신성장동력이 되는 역량을 향상시키는 배움이 있기 때문이다. 봉사활동을 자율적으로 1년, 3년, 6년의 긴 시간동안 매주 토요일 참여한다는 것은 불가능한 일이다.

그런 이유로 현재 대한민국에서 청소년 재능기부활동으로 교육분야에 최장기간과 시간을 기록하며 창의적인 재능을 나누는 활동으로 인정받고 있다.

2024년 6월, 필라델피아에서도 한국에서 진행했던 동일한 시스템으로 창의이미지언어 지도사 과정을 통해 교사를 키워내고 재미동중부지역의 한국학교 교사와 연계한 〈창의인문독서봉사단〉를 진행하려고 기획하고 있다.

이미 재미한국학교동중부지역협의회와 함께 한국학교 교사를 대상으로 교육설명회 및 특강이 진행되었고 필라델피아 지역에 여성리더 대상으로 FIFUSION 창의이미지언어 교육특강을 마쳤다.

특별히 이번 교육활동의 취지중 하나는 미국내의 한인사회에 단절되어가는 세대 간의 소통문제를 창의적 공감으로 해결해보자는 취지도 있다.

지금의 세상은 기성세대와 청소년, 청년을 중심으로 다음세대와의 소통과 공감이 어렵고 커져 버린 단절은 단단한 벽처럼 깨기가 쉽지 않은 사회문제로 인식된다. 그런 의미에서 시간과 공간, 세대와 인종을 뛰어넘는 미래언어로 서로를 탐색하고 이해하는 과정이 필요해 보인다.

  향후 전 세계 대륙(아시아, 유럽, 남미, 북미, 아프리카)으로 한국학교와 연계하여 창의이미지언어 교육방법과 적용사례를 나누고 교사와 학생이 배우고 사용할 수 있는 창의언어교육모델로 지원할 계획이다.

아동, 청소년을 가르친다는 것은 여러 가지 측면에서 중요한 의미가 있다. 무엇보다도 교사의 수준이 교육의 질과 효과성을 결정한다. 그러나 한국 사회는 청소년과 청년을 대상으로 너무나 무거운 짐을 교육환경으로 만들어 놓았다. 그 결과로 진학에 대한 스트레스로 자살률 세계 1위라는 불편함을 갖게 되었다.

FIFUSION 교사코칭

인간이 인간을 가르치는 교육활동 중에 특별히 아동과 청소년을 가르치는 교사는 몇 가지 집중해야 할 것들이 있다.

첫째는 학습환경이 개선될 수 있도록 배려해야 한다. 학년 전체의 환경도 있겠지만, 개개인의 역량과 성장을 위한 교사의 지도방법이 다양한 환경에 맞게 변화해야 한다. 대규모 교육강연에서는 어렵겠지만, 인구감소로 소규모가 되어가는 교실의 환경에서는 학생이 가진 생각의 무늬를 잘 읽어내는 교사의 교육방법이 학습환경으로 준비되고 이 관계성을 기반으로 교사와 학생은 학습이 향상되어야 한다. 이를 위해서 교사는 전문적인 코칭교육을 받아야 효과적으로 학습효과를 높일 수 있다.

둘째는 교육의 관계성이 형성되었다면 학생의 성장을 지원하는 교사의 역할이다. 학생의 발달과 성장을 촉진하기 위해 창의적인 교사 교육을 받아 독창적인 지도방법과 학생이 가진 개별적 역량을 높이는 소통에 최적화된 언어를 습득해야 한다.

셋째는 서로에게 영향력을 주는 관계성의 언어가 정리되었다면 학업성과를 향상시키는 교사의 전문적인 지도 기술이 발휘되어야 할 시기이다.

넷째, 이 단계의 학습과정에서 발생하는 여러 문제를 해결하는 능력이 강화되어야 한다. 아동 및 청소년 교육은 도전적인 상황과 문제를 다루는 데 많은 도구와 기술이 필요하다. 이 시기 교육의 방향성이 교사중심의 사고로 전환되면 효과성은 급격히 떨어지게 된다. 이는 교사가 학생을 다룰 수 있는 채널, 툴, 매체 등의 기술이 부족할 때에 교사중심의 지도방향으로 흐르게 되어있다.

다섯째, 교사의 세계관이 어디만큼 있느냐는 학생의 세계관 형성에 큰 영향을 미친다. 가정을 걱정하는 교사, 사회를 걱정하는 교사, 국가를 걱정하는 교사, 세계를 걱정하는 교사의 가치관에 따라 학생은 교육으로 미래 시대의 혁신과 사회의 진보에 관심을 갖게 된다.

새롭고 다양한 교육이 넘치는 세상이다. 교사는 자신에게 맞는 창의적인 교육방법을 찾고 시대에 맞게 탐색하여 전문화하는 단계를 통해 자율적인 효과성이 교실과 강의장에서 발휘되게 노력 해야 한다.

FIFUSION 교사교육은 크게 기본교육과 심화교육으로 구분한다. 기본교육의 커리큘럼은 교육의 이론과 시대적 요구, 왜 필요한지? 이미지언어를 활용한 생각의 속성과 사고하는 훈련방법, 그동안에 진행된 교육현장의 사례에 대한 전반적인 이해를 하게 되며 창의이미지언어를 다양한 각도에서 관찰할 수 있는 이론이해(80%), 실기체험(20%)이 학습된다.

FIFUSION 자격과정

 초기 평면적 사고를 인지하기 위한 창의학습으로 출발한다. 주로 종이 위에 이미지를 그리면서 만들어진 캐릭터를 활용하여 연상되는 일상의 경험과 생각을 표현한다. 이 과정에서 자기 생각을 읽고 그리고 연상하여 토론하는 과정을 통해 상대방의 창의적인 생각과 감정을 공감하고 소통하는 기술을 배운다.

평면생각에서 다음단계로 넘어가는 입체적 사고는 평면에서 만든 캐릭터를 활용하여 움직이는 영상학습과정으로 연결된다. 생각의 움직임을 구현하는 원리나 체험은 평면의 누워있는 사고를 일으켜 세우는 것과 같다. 평면사고에서는 도저히 느끼거나 만날 수 없는 점, 선, 면, 도형이 다른 각도에서 만나게 되는 입체사고를 이해한다.

입체사고학습에 참가생은 앞으로 일어날 일을 생각하며 웃기도 하고 구체적인 동작이나 장면이 자신의 머릿속에 그려지는 것을 배우게 된다. 더욱 익숙해지면 생각의 순간은 빠르게 정리되고 일상에서 본 것이 다른 생각과 융합되어 다양한 아이디어로 떠올라 앞으로 일어날 장면을 구체적으로 상상하는 데 집중하게 한다.

FIFUSION 명지대 창의혁신캠프 2020

〈혁신캠프 FIFUSION 학습미션 체험하기〉

*몸을 움직이며 공부해요   *소리를 내며 리딩해요
*친구의 의견을 경청해요   *차이를 관찰해요
*이미지FH 연상해요   *호기심과 재미에 집중해요
*생각을 이야기로 만들어요   *나열하고 연결해요

FIFUSION 교사교육 심화단계는 실기(80%), 이론(20%)의 구성으로 진행된다. 마음속 깊은 생각을 어떻게 꺼낼 것인가? 꺼낸 것을 어떻게 이야기하고 정리할 것인가? 정리된 내용이 내 삶에 어떻게 작용하고 활용되는지?에 대한 질문을 정리하고 토론한다.

 심화과정에 특별성은 자신도 알지 못하는 자아의 깊숙한 무의식의 생각을 꺼내 인지하고 정리하는 과정을 이해하게 된다는 것이다.

FIFUSION 한글학교 교장 및 교사 교육

 심화단계는 이미지와 단어에 친숙해지는 체험과정 중심으로 이미지의 소통구조에서 사고와 감정, 행동의 흐름을 정리하고 파악하도록 돕는다. 기존에 갖고 있던 마음속 생각과 이미지를 연결하는 사고구조에서 뒤엉킨 관계성과 마음의 갈등, 문제해결을 발견하고 객관적으로 보게 한다. 이 과정에서 우선순위의 핵심단어와 문장을 생각의 순간에 떠올리고 활용하는 훈련을 한다. 사고의 심화는 서로 다른 핵심단어의 융합과정에서 Why? How? 왜? 어떻게 해서?를 사용하여 문제해결에 몰입하고 집중하는 것이다.

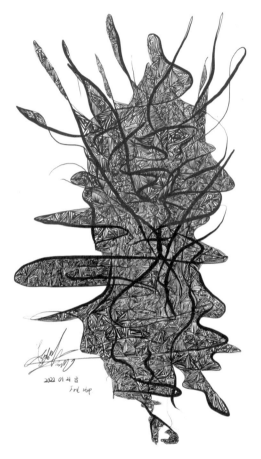

FIFUSION Draw by 유진(난타뮤지션)

FIFUSION 자격과정에서 다양한 매체(빛, 소리, 꼴라쥬, 움직임, 재활용, 사진 등)의 교육이 정리되면 '생각의 순간'에 떠오르는 이미지 언어를 내 것으로 만드는 훈련은 독서토론으로 연결된다. 글을 읽고 그 속에서 의미하는 것을 찾아내고 우선순위를 구분하여 연결되는 것을 그리고 최종 정리된 핵심단어를 이미지언어로 표현하고 토론한다.

FIFUSION 논어*우화수업은 청소년이 참여하는 대표 독서토론교실이다. 매주 수업을 하기 전에 STP CARD로 한 주간의 일상을 이야기를 이미지로 그리고 토론을 시작한다.

논어책 속에는 다양한 핵심단어가 등장한다. 집중력과 호기심을 갖지 못하는 독서토론 학습자에게 FIFUSION 독서법은 먼저 단어를 이미지언어로 전환시키는 학습을 한다. 책 속의 글이 어떤 느낌으로 다가오는지 알기 위함이다.

손자병법에는 전쟁에 대한 다양한 전술과 전략이 등장한다. 건강한 청년이라면 누구나 군입대를 한다. 그 순간 생각은 단순해지고 창의적 사고는 잠시 멈춘다. 특수한 집단생활과 단순한 반복적 일상이 이유이다. 종종 군부대에서 〈손자병법 인문학 강의〉를 의뢰한다. 최근 군부대도 전략적인 전술과 전쟁에 대한 이해가 새로운 시대와 국면을 이해하기 위한 혁신적 사고로 필요하게 되었다. 손자병법 제1장 시계편에는 왜 전쟁을 해야 하는지, 무엇을 반드시 알아야 하는지에 대한 설명이 되어있다. 전쟁도 어떻게 할 것인가를 먼저 그리고 이후에 병법과 전술이 나열된다.

성경 속 내용도 모든 것이 그런 것은 아니지만, 이미지언어로 이해되는 부분이 많다. 수많은 비유와 상징, 꿈이야기가 있다. 첫페이지 창세기는 천지창조로 시작된다. 보편적 사고로는 이해할 수 없는 내용으로 서술되어 있다.

K*STORY 한국어교실은 다양한 상황속 우화의 이야기를 담고 있어 관점의 차이를 이미지언어로 배울 수 있는 교재이다.

미국, 브라질, 아프리카, 인도네시아 등 창의언어교육

　FIFUSION 생각정리교육은 전 세계의 한국학교 및 현지인을 대상으로 다양하게 진행되었다. 특별히 "나는 한글학교 교사입니다"라는 주제로 2022년 12월 브라질 한글학교 교사연수 특강에 초청, 교장과 교사대상으로 창의이미지언어가 소개되었다. 폭발적인 반응으로 향후 지속적인 남미지역 한국학교 교사연수에 대한 논의로 '생각의 순간'을 교사언어역량 연수교육으로 준비하고 있다.

　남미지역의 정체된 한국어 교육에 색다른 관점을 제시하고 창의이미지언어로 정리된 생각과 질문으로 향후 한글언어교육이 활성화되었으면 하는 바람을 갖는다.

FIFUSION 아프리카 가나편은 지구 반대편으로 이동하는 이유로 오랜 비행시간으로 힘들게 방문한 교육현장이었지만, 많은 것을 배우고 느끼는 시간이었다. 묵묵히 다문 입과 무섭게 힘을 준 청년교사의 눈을 보며 긴장된 분위기로 이미지언어수업이 시작되었다. 30여명의 가나 청소년과 청년이 강당에 그룹을 만들어 흰색 전지를 바닥에 깔고 〈사랑〉〈봉사〉〈믿음〉〈감사〉라는 핵심단어를 쓰고 생각을 그리기 시작했다. 청년의 생각과 이미지는 의외로 순수하고 맑았다. 곧 하얀 치아를 드러내며 웃기 시작했고 그렇게 첫 강의는 마무리되었다.

마음속 깊은 생각의 무늬를 알고 공감한 이후에 나타나는 증상은 인종과 세대와 언어를 뛰어넘어 서로를 친숙하고 진지하게 만든다는 것이다. 이미지를 그리며 그들의 이야기를 듣고 소통하는 관계성은 수업 이후에 한층 더 편안하고 깊어진다.

아프리카 청소년과 청년은 의외로 주제단어에 대한 이미지연상이 편안하고 빠르며 자연스럽다. 그들이 생각하는 이미지언어는 자연과 연결된 것이 많았고 매우 순수했다. 그들에게 생각과 질문을 연상언어로 가르치러 간 우리가 부끄러워지는 순간이었다. 세속적이고 현대적인 이미지언어에서 빠져나오지 못하는 우리의 생각과 무늬가 좀 더 성숙해져야 함을 알게 된 순간이었다.

FIFUSION 인도네시아 인드레아(INDREA)는 오랜 시간 동안 현지 대학생 및 직장인에게 한국어교육을 통해 실력있고 전문성있는 학생을 배출하고 있는 학교이다. 이들을 대상으로 1차는 대학생 30명과 한국어 창의이미지언어캠프로 친밀감을 형성하였고 2차로 FIFUSION 전문교사 자격과정을 진행하였다.

창의언어캠프와 자격과정에 참여하는 학생과 수업을 해보니 긍정적으로 기대가 되는 것은 이미 전문 직장을 갖고 조직의 리더 역할을 하는 인도네시아 현지 청년들이 한국어를 배운다는 것이었다.

특히 한국어를 중심으로 K-컨텐트(음식, 팝, 영화, 드라마, 만화, 문화 등)의 관심이 높았으며 모두가 한국어를 습득한 이후에는 한국방문을 계획하고 있었다.

인도네시아 말랑지역 인드레아학교16)에는 80여명의 인도네시아 대학생이 모여 한국어 교육을 한다. 장태규 코치는 중급반과 고급반을 나누어 〈FIFUSION 창의이미지언어 자격과정 12단계〉를 진행하여 첫 번째 이수자를 배출했다.

---

16) 인도네시아 말랑지역의 현지 대학생 및 직장인들이 모여 한글을 공부하는 학교

-그냥 늙지 마라! 시니어 디지털창의한글교실

누구에게나 시간은 공평하게 흐른다. 그러나 누구나 성장하는 것은 아니다. 청소년과 장년, 시니어에게 주어진 하루는 모두가 같다. 동등한 하루의 일상에 집중하여 몰입하는 관심사가 있는 사람과 배움의 뜨거움을 찾지 못한 사람의 하루는 차이가 나기 시작한다.

100세 시대, 인생의 후반부에 여전히 부모세대의 라이프스타일에 통제받고 머물러 있다면, 행복한 인생 전환을 위하여 지금, 이 순간 하프타임을 새롭게 설계하고 창의적인 생각의 순간을 정리하는 스킬을 활용하여 백세플랜을 디자인해야 한다. 이제 건강도 중요하지만, 어떻게 살 것인가에 대한 물음에 진지해져야 한다. 시니어세대에게는 "그냥 늙지 마라"는 문장이 더 간절하게 다가온다.

한국도 그렇고 유럽과 미국도 시니어세대가 늘어가며 무엇을 해야 하는가에 대한 질문에 간절히 답을 찾고 있다. 하루하루 차갑게 식어가는 일상을 온(溫)하게 만들 수 있는 배움을 찾는 것이 인생의 후반부를 행복하게 만드는 방법이다.

시니어대학 디지털창의한글교실

시니어 디지털창의한글교실의 반응은 폭발적이다. 처음엔 너무 어려워요. 이게 정말 가능할까요? 하는 말씀을 한다. 그러나 교육을 마치며 참석자 90% 이상 페이스북 계정을 만들고 서로 친구를 맺었다. 수업에 대한 관심도와 집중력은 매시간마다 상승하고 청강생도 조금씩 늘어간다.

　최근 시니어세대는 서비스를 주는 주체가 되기보다 국가의 복지후생 시스템에 의지하여 서비스를 받는 주체로 머물러 있으려 한다. 사고력의 절정에 있는 시니어는 오랜 삶에서 쌓인 지식을 활용하여 생각을 나누고 가르치는 일을 할 수 있는 능력과 기능이 충분히 있다. 시간과 경제적인 여유도 있고 배우려는 의지도 높다. 여기에 학벌도 참 좋은 대한민국의 강점이 있다. 이런 인적자원을 독립적으로 기능하게 하는 것은 매우 중요한 일이다.

　FIFUSION 시니어교실은 청소년교육과 질적으로 다르다. 깊이 있는 삶의 이야기가 창의적인 사고와 만나 소통이 될 때, 감동도 있고 깨달음도 크다. 이것이 시니어수업의 매력이다.

2023년 시니어 디지털창의한글교실을 이수한 1기 수료생들은 국내에서는 최초로 2023년 11월, 태국의 현지 초*중학생 청소년을 대상으로 창의언어수업을 진행하는 교사로 참여하였다. 아울러 국내에도 많은 다문화가정의 세대가 있고 다문화 학교도 늘어가고 있다. 향후 한국어 창의교사로 일상을 뜨겁게 하는 주체적 활동을 하게 되기를 바란다.

모든 인간에게 두려움의 대상인 치매로부터 일상을 내려놓지 않고 사고력을 유지할 수 있도록 지원하는 활동으로 씰멘탈케어코칭 프로그램도 준비한다. 현대인들의 정신건강문제는 이미 누구나 겪고 있는 아픔이다. 글을 읽고 생각하고(상상) 그리고 토론하고 써보는 과정을 반복하는 시니어의 건강한 일상을 정리하여 페이스북에 업데이트하면 가까운 가족이나 주변 지인에게 시간과 공간을 뛰어넘는 자신의 생각을 나누고 소통하는 공감도 얻을 수 있다.

하루의 일상이 건강해지면 행복한 에피소드의 이미지가 쌓이고 삶의 온기와 뜨거움이 충만해진다. 행복한 이미지가 많은 사람은 새로운 교육과 배움이 시작할 때, 그렇지 않은 사람보다 더 긍정적인 참여의 접근성을 갖게 한다. 인간의 마음속에 갈등과 문제를 해결해주는 열쇠는 자아 속 깊은 곳에 행복한 이미지가 많은 사람에게 유리하게 작용한다.

필라델피아 시니어 창의한글교실을 마치고 2023

배움의 뜨거움을 찾는 시니어 창의한글교육

*나가며

왜? 인간의 무늬를 이해하고 연구해야 하는가!

언어의 형태와 쓰임은 바뀌어도 인간의 근본은 바뀌지 않는다. 그 근본이 인간본질의 무늬이고 내면에 담긴 정신이기 때문이다. 내면의 자아는 아무리 그림을 그리고 색을 칠해도 쉽게 변하거나 드러나지 않는다. 이렇듯 자아의 원형은 마음속 깊숙이 보이지 않는 곳에 숨어 있다. 배움에 지속적인 노력이 필요한 이유이다. 마음속 무늬를 이해하려는 노력은 일종의 회귀 본능이며 원초의 세계로 가고 있는 인류의 한결같은 표현이며 세상의 이야기이다. 그것의 회복과 의미부여는 바로 오늘의 딜레마를 푸는 열쇠가 되기도 한다.

인간은 짧은 삶을 살면서 내면의 다양한 무늬를 만난다. 아동기, 청소년기, 청년기, 성년기, 노년기를 거치면서 다섯 개의 자아 속 원형이 세상밖으로 드러나기 때문이다. 사람에게는 자기만의 향기가 있고 무늬가 있다. 단 한 사람도 같은 곳을 바라보며 같은 향기와 생각을 하지 않는다. 쌍둥이마저도 그렇다. 누구나 인생에 꿈꾸는 삶이 있고 목표가 있어야 한다.

우리의 환경은 정신 차릴 수 없이 빠르게 발전하며 인간이 누릴 수 있는 최대한의 편안함을 저항감 없이 누려간다. 기술의 발전이 인류에게 편함을 주기도 하지만, 무색무취free rider한 사람을 만들기도 한다. 이런저런 자극이 싫어 산(山)과 강(江)을 찾아 은둔(隱遁)자로 사는 사람도 늘어난다.

왜 인간을 이해해야 하는가?
어떻게 인간을 이해할 것인가?

최최종-FIFUSION 생각의 순간을 그려라.hwp

교육자로서 생각과 감정과 행동에 대한 소통의 이유를 찾고 근거로 제시하며 살다보니, 어떠한 물음에도 그냥~ 이라는 답보다는 그 이유와 원인을 찾는 것에 더 비중을 두었다.

'그냥'이라고 말할 수 있는 일!

그것은 말할 필요도 없이 중요한 일이거나 혹은 별로 중요하지 않은 일이다. 누구에게는 전자일 수 있으나 내게 중요한 일이 타인에게는 후자가 될 수도 있다.

함께 사는 인간에게 관심을 두고 삶의 환경에 직면하기 위해 마음을 열고 들어가거나 더 깊은 곳을 파고 들어가 밑바닥까지 이해하고 변화와 성장을 위해 생각을 바꾸게 하는 작업은 지금까지 말할 수 없이 중요한 것이기에 묻지 않고 연구해 왔다. 그러나 이제는 별로 중요하지 않은 것처럼 힘을 빼고 '그냥'하고 싶다.

〈FIFUSION 생각의 순간을 그려라〉라는 제목으로 지난 20년간 경험한 것을 정리하며 되도록 핵심을 넣으려 고심했다. 한계를 알 수 없이 파고 들어간 인간의 마음속은 모두가 추측하는 것처럼 심해의 어둠속에 있을 것 같은 괴물처럼 무시무시한 충동과 욕망이 넘쳐나는 공간이었다.

행동으로 보이고 느껴지는 것의 근거가 사는 곳을 보는 일은 철저하게 고독하고 침묵마저 잊은 듯 힘들었지만, 중요했다.

그래서 늘 '왜 이 일을 하는가!' 묻고 답을 찾는 것이 필연처럼 지속되었다. 그러던 어느 날 떠오른 '그냥'이라는 단어가 최근에 무거운 마음을 위로해주는 답처럼 공감이 갔다.

청소년을 사랑하고 소외된 이웃의 아이에게 꿈을 주는 일은 쉬운 일이 아니다. 고아와 과부를 돌보라는 믿음의 명령도 결코 쉽게 실천하거나 거부하기도 어렵다.

그럼에도 타인과 세상을 위한 삶을 살고자 결심한 오래전 의지와 약속을 지키며 어려운 공부와 나눔을 지속해온 시간이 이젠 제법 싹을 틔우고 자리를 잡아가는 정리가 있어 흐뭇한 마음이다.

책을 정리하면서 중요하게 생각되는 것은 다음 세대에게 어떻게 교육의 흔적을 남겨줄 것인가에 대한 고민이었다. 처음 이 책의 서두를 〈생각의 뿌리〉로 정한 것도 그 이유다. 선사시대의 동굴벽화를 보며 그 시대의 생각과 표현이 지금의 지식과 지혜를 갖게 해주는 알고리즘으로 연결되어 있기에 '생각의 순간'을 메커니즘으로 다음 세대에게 전달되기를 기대해 본다.

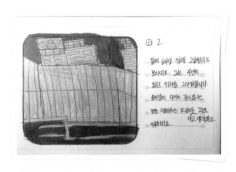

인간에게 다르게 접근하는 것은 무엇이고
진실과 거짓된 무늬는 무엇인지?

지혜가 되는 교육의 흔적이 쉽게 사라지지 않고 다른 배움과 차별화 되기 위해 인간의 무늬에 다르게 접근해야 한다는 목표를 세웠다. 다양하게 연결된 관계성에서 생각정리 방법을 습득하고 활용해야 가정, 학교, 사회와 연결된 일상에서 인간을 대면하는 소통으로부터 자유로워질 수 있다.

 사회는 인간에게 궁금한 것을 인공지능 챗GPT에게 물으라고 한다. 그러나 인간은 소소한 일상의 배움과 지식에서 행복을 찾는 것에 삶에 가치를 두어야 한다. 단순한 지식과 간단히 답을 얻는 배움과 교육의 효과성에 만족한다면 혁신과 변화는 기대할 수 없다. 이젠 호흡이 긴 배움이 필요하고 정해진 질문에 대답만 잘하는 인재가 아니라 스스로 질문을 만드는 리더가 필요하다.

 그러기 위해 철저하게 자기실현과 만나는 '생각의 순간'을 통해 자아의 욕망과 연결된 뜨거운 일상에서 성장의 즐거움을 찾고 배움과 삶을 연결해야 행복은 지속할 것이다.

 〈생각의 순간〉으로 좋은 향기를 내는 인간의 무늬를 이미지로 만나는 것은 기쁜 일이고, 모두가 기쁜 일의 주인공이 되는 것은 더더욱 행복한 일이다. 그런 일상이 넘쳐나기를 소망한다.

 FIFUSION에 대해 많은 학부모와 교사는 간단히 설명하고 이해할 수 있는 교육이면 참 좋겠는데, 그렇지 않네요! 라고 말한다.

 '생각의 순간'을 정리하는 배움은 글을 읽거나 누군가의 말을 듣고 연상된 이미지를 그리는 것이다. 마음을 읽는 작업은 쉽지 않다. 그럼에도 우리는 현대 기술의 발전으로 더 촘촘해지는 관계성에서 인간의 고유한 본질을 드러내고 이해하는 노력에 신경 써야 한다.

 상대방과의 대화가 시작되고 몇 문장의 말이 오고 가기 시작하면 거기서부터 한 장면 한 장면씩 이미지를 떠올리며 그리기 시작하고 그 페이지를 넘기는 하루하루가 쌓여 이야기가 이어지면 거기에 또 무엇인가를 그리고 상상력을 붙여가며 정리해간다. 그러다 보면 이야기는 쌓이고 새롭게 생성된 문장은 개인의 역사가 되고 상대를 보는 혁신이 된다.

이런 과정의 반복으로 '생각의 순간'이 익숙해지면 핵심요약이 간단명료해지고 새로운 아이디어의 공감과 생성이 수월해진다. 아울러 이야기의 융합과 분열이 자유롭고 상대방과의 대화도 깊어진다.

디지털시대에 더욱 필요해진 문해력에 긍정적인 영향을 주기 위해서는 단순한 학습보다는 책을 읽고 생각을 떠올리며 상상하는 방법이 효과적이다. 문해력은 단순히 글을 읽고 해석하는 능력이 아니다. 이런 형태는 오히려 사고력을 저하시킨다. 독서의 초기단계에서 생각의 근육을 강조하는 이유가 여기 있다. 상상하고 그리고 이미지를 조합하는 공부는 글을 깊게 해석하는 문해력을 최고로 향상시킨다.

문해력이 낮은 친구는 친구의 말을 텍스트로만 듣는다. 말의 내용으로만 소통을 생각하면 새로운 생성은 없어지고 거기에 내 생각을 그리는 작업은 더 어려워진다. 생각과 말이 고착화되면 상대가 말하려고 하는 것에 핵심을 떠올리는 사고는 할 수 없다.

생각은 곧 인간의 향기이다. 니체는 '많은 사람이 모인 집단에서는 썩은 냄새가 난다'고 말했다. 개개인의 개성이 없는 무색무취한 숫자 0과 같은 사람은 백만명이 있어도 1이 되지 못한다는 말을 했다. 0과 같은 사람이 되지 않기 위해 힘에 의지하여 한계limit를 넘어서라는 니체와 칸트의 간절한 외침은 첫째, 개개인이 자신만의 새로운 생각을 만들어내는 순간에 집중하고 둘째, 사고는 단순하고 간단하게 시작해야하고 셋째, 일상에 스쳐 지나가는 소소함을 잘 해석하여 행동으로 옮기라 요구한다.

특출하게 더 좋은 아이디어를 떠올리려 애쓸 필요도 없다. 남보다 영리한 사람이 창의적인 생각을 더 잘 떠올리는 것도 아니다. 누군가의 대단한 아이디어는 내게 정말 필요 없는 것일 수도 있고 별로 영향력 없는 상대의 말이 내게 큰 위로와 의미로 다가올 때가 있다. 그저 복잡한 생각을 간단한 이미지로 그리고 떠올리는 것부터 정리하기 바란다.

　너무나 빠른 현대시대에 우려되는 문제는 상황에 맞는 최고의 생각이 떠오르는 순간에 의미를 그리지 않고 흘려보내는 습관이다. 이는 집중해야 할 시간에 몰입하지 않는 것이다. 창의성에 중요한 핵심단어는 '몰입'이다. 몰입이 생각의 정리안으로 들어오지 않고 어딘가에 고이면 현재의 문제는 미래로 갈 수 없고 미래의 생각은 현재의 내 문제해결에 어떤 자극도 주지 않는다.

　〈FIFUSION 생각의 순간〉은 현재가 중심이다. 그 안에 과거와 미래가 담겨있다. 5세기 철학자 헤라클레이토스는 〈올라가는 것과 내려가는 것은 같다〉라는 경구로 우리에게 많은 생각을 하게 했다. 과거와 현재, 미래는 같고 하나이다. 모든 인간이 삶을 살며 겪는 경험의 바탕에는 과거와 현재와 미래의 사고가 묻어난다. 이는 인간의 히스토리가 되며 죽기까지 지속된다. 현재를 사는 우리는 이런 생각을 이미지로 그리며 산다. 직면하기 싫은 죽음도 그 안에 포함되며 불편한 우리 삶의 모든 것에게 익숙함을 갖게 하는 반복과 연습이 필요한 이유가 된다.

나는 그림을 잘 못 그려요.
이런 능력은 어릴 때 해야 하는 거 아닌가요?
이미지가 하나도 떠오르지 않아요!
이젠 머리가 돌아가지 않아!
생각은 떠오르는데,
이미지로는 어떻게 그려야 할지 전혀 모르겠어요!

　'생각의 순간'에 떠오르는 이미지는 창의성의 발현과 밀접하게 연결되어 완벽한 상태라기보다는 불편하고 엉성한 것에서 시작된다. 인내하고 수용하는 긍정성으로 마음을 여는 지혜도 필요하다.

어떤 것에 관련있는 것을 떠올려보세요!

라고 질문하면 다른 생각을 연상하려 노력해야 한다. 〈내 머리의 뇌에게 찾으라 명령하라!〉 미션을 보내서 답을 꺼내려고 안간힘을 써야 한다. 그러면 종종 좋은 생각이 떠오르고 더 구체적인 경험으로 공감되는 언어의 생명력을 배우게 된다. 과거에 좋았던 기억은 다시금 현재에 기쁜 마음으로 연결되고 오늘의 긍정적인 에너지로 다시 태어난다. 에너지가 무궁무진하게 생성되고 넘치는 사람의 특징은 어떤 것을 하든 그곳에 있게 된다.

어떠한 배움이든,
어떠한 독서이든,
어떠한 일상이든,

행복으로 정리하는 방법을 안다면 삶의 방향과 무늬는 달라진다. 미래가 생생하게 그려질 것이고 그려진 미래는 현실로 드러난다. 점점 빨라지고 복잡해지는 세상에 나와 관련된 것의 문제와 갈등을 정리하는 일은 행복한 일상을 만드는 우리의 환경이 되어야 한다. 이는 우리의 자녀가 살아야 할 세상이기도 하다. 스스로 자신의 자아와 생각을 찾는 노력으로 성숙한 사람이 넘쳐나고 모두가 행복한 마음으로 서로를 배려해주는 삶의 언어가 있기를 기대한다.

〈FIFUSION 생각의 순간을 그려라!〉는 개인이 가진 다양한 일상과 관심에 직면하여 배움의 새로운 언어로 꿈과 비전을 그리고 준비하는 다음세대에게 생각의 뿌리를 찾는 흔적으로 정리되기를 바라며 시작하였다. 선사시대의 생각과 표현이 지금의 지식과 지혜를 갖게 해준 것처럼 선용 되기를 소망한다.

아울러 이 흔적이 여러 문제와 갈등 속에서 마음 아파하는 사람에게 용기를 주고 삶의 성장동력이 되어 건강하게 회복시키는 소통의 도구가 되기를 바란다.

  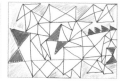

FIFUSION Draw

부록 > FIFUSION 워크북

〈FIFUSION DRAW - 도구학습01〉

이 래 인 제 를 키 우 는 창 의 공 간

STP CARD 활용하기!

STP story telling paper는
창의이미지언어에서 생각의 연상들을 이미지지표와 텍스트지료로
나타내는 학습전에 일상의 생각찾기와 연결하기를 도와주는 도구

-아이스브레이크
-생각, 감정, 행동쪼개기
-공간개념, 색감, 한문장완성
-일상의 심미역량
-공감각적 역량(오디오/비디오) 현실증강, 가상현실증강
-음미하는 일상

체험단계

1 논리 사고력 (개인+팀) : 텍스트지표로 핵심단어찾기

2 창의 사고력 (개인+팀) : 이미지 지표로 핵심단어찾기

3 문제해결능력 (개인+팀) : 연상을 통한 이야기 만들기

4 소통역량 (개인+팀) : 이미지+텍스트〈단어*문장〉 문장만들기

적용하기

* # : STP카드의 넘버링 메기기, 순서를 정한다.
* 날짜 / 이름쓰기
* AUDIO 오디오 : 어떤 일이 일어났는지 내용을 작성한다.
* VIDEO 비디오 : 오디오에서 어떤 소리가 나는지 작성한다.
* STORY BOX : 연상된 생각을 이미지로 작성합니다.

C.I.L School 창의이미지언어학교

⟨FIFUSION Draw⟩
청소년의 생각에너지는 '잠 Sleeping'

〈FIFUSION DRAW – 도구학습02〉

이미지연상
숫자 활용하기!

〈씰 이미지연상 - 숫자 활용하기〉는
0~9까지의 숫자를 활용하여 숫자에 떠오르는
이미지를 연상시켜 만들어낸 숫자연결이미지를
활용하여 재미있는 스토리텔링을 만드는 융합
연상학습이다. 텍스트언어와 이미지언어를 융
합하고 해체하는 과정의 반복을 일상의 숫자로
연습할 수 있는 학습방법이다.

체험단계

1 A4용지를 개인별로 1장씩 나누어준다.

2 숫자 0부터 떠오르는 이미지를 그림으로 그리게 한다.

3 숫자당 2~3분 정도의 시간을 준다.

4 숫자에 연상된 이미지가 완성되면 각자 소개한다.

적용하기

완성된 이미지를 활용하여 핸드폰 번호나 주민등록번호 등으로 숫
자 순서에 맞게 이미지를 활용하여 이야기를 만들어 본다. 완성된
이야기를 구성원에게 들려주며 이야기를 듣고 숫자를 맞추는 게임
을 해도 좋다.

* 일시 : 2021년 □월 그일 □□월 오전 10시 30분~
* 학생 : 이유라

숫자	이미지	숫자	이미지
0	영어책	5	오이
1	나눗가지	6	뱀
2	이쑤시개	7	기린
3	삼각형	8	눈사람
4	사자	9	구미호

이미지연상
곡선나라 만들기!

〈씰 이미지연상 - 곡선나라 만들기〉는 곡선을 활용하여 복잡한 구조속에서 인식된 패턴을 읽어내어 떠오른 이미지를 현실의 캐릭터로 만드는 작업이다. 〈곡선나라〉에서 찾은 캐릭터를 활용하여 창의적인 스토리텔링을 만드는 훈련으로 추상적인 이미지언어 속에서 생각을 결정하며 다양한 시각과 관점을 향상시키는 학습법이다.

체험단계

1 A4용지를 개인별로 1장씩 나누어준다.

2 곡선을 활용하여 마음껏 〈곡선나라〉를 그린다.

3 연결된 1개의 선으로 그려야 한다.

4 곡선에 숨겨진 캐릭터를 찾아 굵은 색연필로 모양을 그린다.

적용하기

〈곡선나라〉에서 찾은 3개의 캐릭터를 활용하여 이력서를 만들어 본다. 되도록 기존에 있는 선을 활용하여 캐릭터를 찾도록 유도한다. 이후 STP카드를 활용하여 캐릭터들이 등장하는 창의적인 스토리를 만들어 본다.

FIFUSION Draw

〈FIFUSION DRAW − 도구학습04〉

이미지연상
직선나라 만들기!

K·STORY

〈씰 이미지연상 - 직선나라 만들기〉는
직선을 활용하여 복잡한 구조속에서 인식된 패
턴을 읽어내어 떠오른 이미지를 현실의 캐릭터
로 만드는 작업이다. 〈직선나라〉에서 찾은 캐
릭터를 활용하여 창의적인 스토리텔링을 만드
는 훈련으로 추상적인 이미지언어 속에서 생각
을 결정하며 다양한 시각과 관점을 향상시키는
학습법이다.

체험단계

1 A4용지를 개인별로 1장씩 나누어준다.

2 직선을 활용하여 마음껏 〈직선나라〉를 그린다.

3 연결된 1개의 선으로 그려야 한다.

4 직선에 숨겨진 캐릭터를 찾아 굵은 색연필로 모양을 그린다.

적용하기

〈직선나라〉에서 찾은 3개의 캐릭터를 활용하여 이력서를 만들어 본
다. 되도록 기존에 있는 선을 활용하여 캐릭터를 찾도록 유도한다.
이후 STP카드를 활용하여 캐릭터들이 등장하는 창의적인 스토리를
만들어 본다.

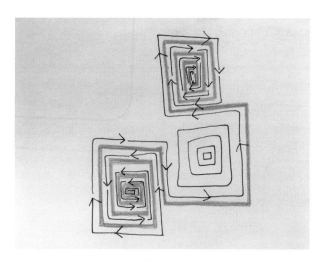

FIFUSION Draw

〈FIFUSION DRAW – 도구학습05〉

이미지연상
도형나라 만들기!

〈씰 이미지연상 - 도형나라 만들기〉는
도형(삼각형)을 활용하여 복잡한 구조속에서
인식된 패턴을 읽어내어 떠오른 이미지를 현실
의 캐릭터로 만드는 작업이다. 〈도형나라〉에서
찾은 캐릭터를 활용하여 창의적인 스토리텔링
을 만드는 훈련으로 추상적인 이미지언어 속에
서 생각을 결정하며 다양한 시각과 관점을 향
상시키는 학습법이다.

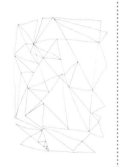

체험단계
1 A4용지를 개인별로 1장씩 나누어준다.
2 도형을 활용하여 마음껏 〈삼각형나라〉를 그린다.
3 연결된 1개의 선 & 독립된 삼각형으로 그릴 수 있다.
4 숨겨진 캐릭터를 찾아 굵은 색연필로 모양을 그린다.

적용하기
〈도형나라〉에서 찾은 3개의 캐릭터를 활용하여 이력서를 만들어 본
다. 되도록 기존에 있는 선을 활용하여 캐릭터를 찾도록 유도한다.
이후 STP카드를 활용하여 캐릭터들이 등장하는 창의적인 스토리를
만들어 본다.

FIFUSION Draw

〈FIFUSION DRAW - 체험학습06〉

사진과 대화하는 아이들!

사진과 대화하는 아이들, 세상을 배우고 꿈을 키웁니다. "Portraits"는 인물사진이나 초상화를 말합니다. 인물사진을 촬영하게 하여 자신의 마음속 이야기를 표현하고 자신의 상상력을 문장으로 표현해보는 교육입니다.

본 수업을 통해 창의력, 표현력, 관찰력, 발표력과 아울러 이미지를 글을 표현하는 능력이 향상됩니다.

체험단계

1 디지털카메라의 주요기능 알기

2 외부로 이동하여 인물*사물 중심으로 촬영한다.

3 촬영한 이미지를 컴퓨터에 저장, 스크린으로 함께 봅니다.

4 마음에 드는 3장의 사진을 선택하여 핵심단어를 연상합니다.

적용하기

사진수업에 참여하는 아동들에게 자신이 갖고 있는 카메라를 갖고 오도록 하여 늘 익숙한 장비를 활용하게 하는 것이 좋다.
또한 추후 여행, 견학체험 등 새로운 장소에 방문할 때마다 다른 장소에서도 이와 같은 방법으로 사진을 찍고 이야기하도록 권유해 주세요.

나의 작품을 광고해 보자~

일시	20 년 월 일 요일		
제목		감독	

일상을 통해 내가 찍은 사진 중 최고의 작품을 사용하여
친구들에게 광고해 보자~

내 용	

오리고 붙이고 그리고 상상하기!
-Photo Ani Collage

그림을 그리거나 이미지를 오리고 붙이는 작업으로 창의활동에 거부감이 있는 아이들에게도 좋은 체험활동입니다. 자신이 직접 찍어서 만들어낸 사진이미지를 활용하여 재구성하는 현실 중심의 상상표현 활동으로 평면 창의교육활동입니다. 콜라주 작업의 효과성은 창의과정을 작품으로 구성하고 그 작품을 설명하는데 있습니다. 본 작업은 공동 작업으로 진행되거나 혹은 선생님이 아이를 도와서 함께 작업하는 방법이 있습니다.

체험단계

1 자신의 좋아하는 이미지가 있는 잡지책을 준비합니다.
2 도화지에 선택한 이미지를 오리고 붙여서 표현합니다.
3 완성된 작품에 제목을 붙이고 내용을 만들어 발표합니다.
4 핵심단어로 정리하고 5개의 문장을 씰노트에 작성합니다.

적용하기

 이 작업은 너무 많은 이미지를 오려서 주제나 표현하려는 목표를 혼동하거나 잊을 때가 있다. 너무 많이 오려서 혼자 붙이기 힘들 때에는 학생들이 원하는 방향에서 단순하게 작품을 완성하도록 도와주고 원하는 작품이 완성되도록 유도한다.

⟨FIFUSION DRAW − 체험학습08⟩

Sculpture
죽어있는 것에 생명력 넣기

Sculpture는 입체사고를 유발시키는 창의이미지언어 교육활동으로 버려지고 못 쓰게 된 재활용품으로 아이들의 상상력과 창의력을 활용하여 생명을 불어넣는 교육활동.

체험단계

1 어떤 작품을 만들 것인지 상상을 스케치 합니다

2 결정된 작품에 필요한 재료를 수집하기 위해 밖으로 이동

3 수집해 온 재활용품을 활용하여 구상한 작품을 만들기

4 작품에 제목을 붙이고 캐릭터가 등장하는 이야기를 만들기

적용하기

학생들이 적절한 재활용품을 구하지 못하는 경우가 있습니다. 이럴 때를 대비하여 미리 폐품을 준비하여 두는 것도 좋은 방법입니다.

⟨FIFUSION DRAW – 체험학습09⟩

빛 + 그림자 = 상상표출

빛을 통해 만들어진 그림자는 신기한 상상력을 유발하게 합니다.
사물의 형태를 보는 다양한 시각과 집중력을 체험해보세요.

체험단계

1 사물을 위치시키거나 참여자의 동작을 유도, 그림자생성

2 조명이 비친 물체의 그림자와 형태를 그려봅니다

3 빛의 방향과 거리에 따라 달라지는 이미지의 모양 관찰

4 이미지가 완성되면 형태를 놓고 이야기를 나눠봅니다

적용하기

그림자를 활용하여 만들어진 작품을 참여자들이 함께 보며 떠오르는 생각들을 나눠봅니다. 각자의 핵심적인 생각을 단어로 정하고 씰노트에 문장과 이미지로 정리해보는 과정을 진행합니다.

〈FIFUSION DRAW - 도구학습10〉

FIFUSION 보드게임 활용하기!

체험단계

1 4~6명이 1팀 게임시작/순서를 정하고 이동말 START위치

2 주사위를 던져 나온 숫자만큼 이동말을 이동

3 이동한 자리에 씰 캐릭터의 모양에 맞는 카드를 받는다.

4 카드 미션에 따라 씰노트에 연상단어를 적는다.

적용하기

자신이 확보한 카드를 활용하여 5개의 연상단어를 씰노트에 적으면 보드게임은 종료되고 그 다음부터 씰 노트를 작성하는 문장학습으로 넘어간다. 주어진 단어를 활용하여 그날의 핵심단어와 융합하여 문장작성.

1)문장카드 : 논어, 도덕경, 노자, 손자병법, 유명글 문구, 문장제시

2)단어카드 : 아동, 청소년, 성인들의 생각을 모아 만든 단어제시

3)이미지카드 : 일러스트, 사물, 추상화 등 다양한 이미지 제시

씰, 명화로 리딩하기!

그림으로 생각하면 심플해진다.

체험단계

1 어떤 느낌이 드나요?

2 어떤 맛이 느껴지시나요?

3 요일로 표현하면?

4 눈을 감아보세요?

적용하기

추상적인 작품들을 활용하여 다양한 질문들을 통해 다각적인 관점을 가질 수 있도록 유도하는 것이 중요한 핵심포인트입니다. 장기기억으로 보낼 수 있는 연상방법을 스토리텔링으로 만들어 봅니다. 작가의 내용도 다뤄주면 좋습니다.

Fifusion, 창의S이론!

창의성과 역량의 핵심단어를 연결하라.

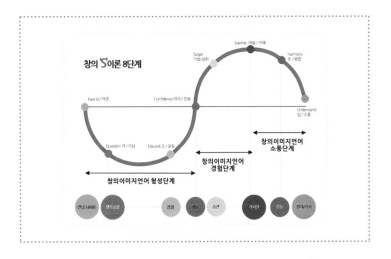

체험단계		
1	8개의 핵심단어와 창의이미지언어의 이해
2	신체의 위치와 연결해서 이론 이해
3	독서활동을 적용하여 진행단계 이해
4	

눈, 귀, 코, 머리, 마음, 가방, 손, 입의 신체위치로 이론을 이해해봅니다. 또한 시간의 흐름에 적용하여 방과후 체험활동으로 적용해보면 이해가 빠릅니다.

Fifusion, 창의공간!

창의성과 역량의 핵심단어를 연결하라.

초월사고공간   원형사고공간

통합사고공간   병렬사고공간

FIFUSION DRAW 공간사고유형은 4단계로 구분하여 이해한다.
초기 원형사고로 시작해서 최종적으로 초월사고공간까지 진행된다.

체험단계

1 원형사고의 공간이해
2 병렬사고의 공간이해
3 통합사고의 공간이해
4 초월사고의 공간이해

눈, 귀, 코, 머리, 마음, 가방, 손, 입의 신체위치로 이론을 이해해봅니다. 또한 시간의 흐름에 적용하여 방과후 체험활동으로 적용해보면 이해가 빠릅니다.

Fifusion, 창의계산공식

창의성과 역량의 핵심단어를 연결하라.

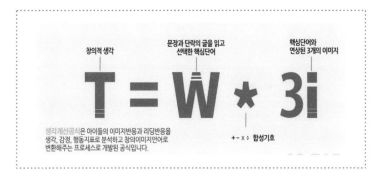

 1   창의이미지언어의 공식에서 창의적 생각(T) 이해

 2   창의이미지언어의 공식에서 핵심단어(W) 이해

3   창의이미지언어의 공식에서 이미지(3i) 이해

4

 창의적인 생각의 생성은 어떤 주어진 문장과 단락의 글을 읽고 선택한 핵심단어와 단어에 연상된 3개의 이미지를 융합하여 정리된 문장이다.

<씰CIL 연구소>의 성장을 위한 자기발견

창의이미지언어 CIL TESTING
CREATIVE IMAGE LANGUAGE CIL Testing

소 속	-학교명 : 학년 : -회사명 :
이 름	-
생년월일	- 년 월 일 - 남 ( ) 여 ( )
이메일	-
주소*전화	- - 010.
검사일	- 년 월 일

각 문항을 읽고 여러분의 생각과 가장 일치하는 항목을
골라서 응답해 주시면 됩니다.

Ⅰ 가장 가까운 부분에 ○표해 주세요

----

1. 나는 글을 읽으면서 그림을 생각한다.

1)전혀아니다 2)아니다 3)보통이다 4)그렇다 5)매우 그렇다

2. 나는 단어를 듣고 몸동작이나 행동으로 표현할 수 있다.

1)전혀아니다 2)아니다 3)보통이다 4)그렇다 5)매우 그렇다

3. 나는 생각이 많아 힘들다.

1)전혀아니다 2)아니다 3)보통이다 4)그렇다 5)매우 그렇다

4. 나는 친구들에게 이야기 할 때가 더 좋다.

1)전혀아니다 2)아니다 3)보통이다 4)그렇다 5)매우 그렇다

5. 나는 재미난 이야기를 듣고 친구들에게 말한다.

1)전혀아니다 2)아니다 3)보통이다 4)그렇다 5)매우 그렇다

6. 나는 그림을 보면 글을 쓰고 싶어진다.

1)전혀아니다 2)아니다 3)보통이다 4)그렇다 5)매우 그렇다

7. 나는 한가지 물건으로 여러 가지 활용방법을 생각한다.

1)전혀아니다 2)아니다 3)보통이다 4)그렇다 5)매우 그렇다

8. 나는 같은 상황에서 다른 사람들보다 많은 아이디어를 생각한다.

1)전혀아니다 2)아니다 3)보통이다 4)그렇다 5)매우 그렇다

9. 나는 다양하고 폭넓은 사고를 한다.

1)전혀아니다 2)아니다 3)보통이다 4)그렇다 5)매우 그렇다

10. 늘 가던 길이 편하다.

1)전혀아니다 2)아니다 3)보통이다 4)그렇다 5)매우 그렇다

11. 나는 기발하고 독특한 아이디어를 갖고 있다.

    1)전혀아니다   2)아니다   3)보통이다   4)그렇다   5)매우 그렇다

12. 예상할 수 없는 것들을 예상하면 즐겁다.

    1)전혀아니다   2)아니다   3)보통이다   4)그렇다   5)매우 그렇다

13. 나는 호기심이 많다.

    1)전혀아니다   2)아니다   3)보통이다   4)그렇다   5)매우 그렇다

14. 나는 애매한 퀴즈를 풀 때 정확한 한가지의 답을 찾는다.

    1)전혀아니다   2)아니다   3)보통이다   4)그렇다   5)매우 그렇다

15. 나는 다른 사람과 어울리는 시간이 적다.

    1)전혀아니다   2)아니다   3)보통이다   4)그렇다   5)매우 그렇다

16. 나는 항상 친구들에게 정답을 제시한다.

    1)전혀아니다   2)아니다   3)보통이다   4)그렇다   5)매우 그렇다

17. 책을 통해 많은 아이디어들을 생각해낸다.

    1)전혀아니다   2)아니다   3)보통이다   4)그렇다   5)매우 그렇다

18. 때때로 기발하고 독특한 아이디어는 나를 힘들게 한다.

    1)전혀아니다   2)아니다   3)보통이다   4)그렇다   5)매우 그렇다

19. 나만의 세계를 구축하는 것이 두려울 때가 있다.

    1)전혀아니다   2)아니다   3)보통이다   4)그렇다   5)매우 그렇다

20. 나는 주변사람들에게 황당한 질문들을 많이 받는다.

    1)전혀아니다   2)아니다   3)보통이다   4)그렇다   5)매우 그렇다

21. 나는 문제가 생기면 누군가를 찾는다.

1)전혀아니다   2)아니다   3)보통이다   4)그렇다   5)매우 그렇다

22. 꽃과 나무들은 좋은 대화친구이다.

1)전혀아니다   2)아니다   3)보통이다   4)그렇다   5)매우 그렇다

23. 나는 다른 사람에게 이야기하는 것을 좋아한다.

1)전혀아니다   2)아니다   3)보통이다   4)그렇다   5)매우 그렇다

24. 나는 하고 싶은 일만 잘한다.

1)전혀아니다   2)아니다   3)보통이다   4)그렇다   5)매우 그렇다

25. 친구들의 이야기는 대부분 끝이 재미있다.

1)전혀아니다   2)아니다   3)보통이다   4)그렇다   5)매우 그렇다

26. 남의 일이 내일처럼 생각된다.

1)전혀아니다   2)아니다   3)보통이다   4)그렇다   5)매우 그렇다

27. 나는 즐거운 놀이로 친구들과 함께 보낼 생각에 즐겁다.

1)전혀아니다   2)아니다   3)보통이다   4)그렇다   5)매우 그렇다

28. 친구들과 싸우면 먼저 사과한다.

1)전혀아니다   2)아니다   3)보통이다   4)그렇다   5)매우 그렇다

29. 세상엔 해결 못할 문제가 많다.

1)전혀아니다   2)아니다   3)보통이다   4)그렇다   5)매우 그렇다

30. 상상속에 있는 내 모습은 자연스럽다.

1)전혀아니다   2)아니다   3)보통이다   4)그렇다   5)매우 그렇다

31. 나는 섬세하다.

1)전혀아니다 2)아니다 3)보통이다 4)그렇다 5)매우 그렇다

32. 친구들은 내 유머에 모두 웃는다.

1)전혀아니다 2)아니다 3)보통이다 4)그렇다 5)매우 그렇다

33. 나는 낙서할 곳을 찾는 습관이 있다.

1)전혀아니다 2)아니다 3)보통이다 4)그렇다 5)매우 그렇다

34. 나는 모든 면에서 활발하고 적극적이다.

1)전혀아니다 2)아니다 3)보통이다 4)그렇다 5)매우 그렇다

35. 좋아하지 않는 것에는 관심이 없다.

1)전혀아니다 2)아니다 3)보통이다 4)그렇다 5)매우 그렇다

36. 내 생각을 들어주는 친구들은 많다.

1)전혀아니다 2)아니다 3)보통이다 4)그렇다 5)매우 그렇다

37. 세상에는 불평등한 것이 많다.

1)전혀아니다 2)아니다 3)보통이다 4)그렇다 5)매우 그렇다

38. 문제가 생기면 새로운 해결 방법이 바로 떠오른다.

1)전혀아니다 2)아니다 3)보통이다 4)그렇다 5)매우 그렇다

39. 변화하는 것만이 좋은 것은 아니다.

1)전혀아니다 2)아니다 3)보통이다 4)그렇다 5)매우 그렇다

40. 나는 질문이 많은 친구가 좋다.

1)전혀아니다 2)아니다 3)보통이다 4)그렇다 5)매우 그렇다

41. 나는 상황마다 적절한 유머들이 떠올라 잘 사용한다.

   1)전혀아니다   2)아니다   3)보통이다   4)그렇다   5)매우 그렇다

42. 나는 일상생활에서 아주 작고 사소한 부분으로 힘들어 한다.

   1)전혀아니다   2)아니다   3)보통이다   4)그렇다   5)매우 그렇다

43. 나는 철저히 준비해야 마음이 놓인다.

   1)전혀아니다   2)아니다   3)보통이다   4)그렇다   5)매우 그렇다

44. 나는 좋은 말을 들으면 종이에 적는다.

   1)전혀아니다   2)아니다   3)보통이다   4)그렇다   5)매우 그렇다

45. 나는 오래 걸리는 일보다 빨리 끝내는 일을 좋아한다.

   1)전혀아니다   2)아니다   3)보통이다   4)그렇다   5)매우 그렇다

46. 계획대로 움직이는 것은 즐거운 것이다.

   1)전혀아니다   2)아니다   3)보통이다   4)그렇다   5)매우 그렇다

47. 나는 침착하지 못하고 산만하다.

   1)전혀아니다   2)아니다   3)보통이다   4)그렇다   5)매우 그렇다

48. 나는 혼자 생각하는 시간이 많다.

   1)전혀아니다   2)아니다   3)보통이다   4)그렇다   5)매우 그렇다

49. 작은 차이는 큰 문제가 되지 않는다.

   1)전혀아니다   2)아니다   3)보통이다   4)그렇다   5)매우 그렇다

50. 꼼꼼한 작업은 다른 친구들이 해주면 좋다.

   1)전혀아니다   2)아니다   3)보통이다   4)그렇다   5)매우 그렇다

51. 나는 뭔가에 푹 빠져 있을 때 친구의 말을 못들을 때가 있다.

1)전혀아니다   2)아니다   3)보통이다   4)그렇다   5)매우 그렇다

52. 나는 새로운 것이 아니라도 호기심을 갖는다.

1)전혀아니다   2)아니다   3)보통이다   4)그렇다   5)매우 그렇다

53. 나는 학교/직장에 갈 때 늘 같은 버스를 탄다.

1)전혀아니다   2)아니다   3)보통이다   4)그렇다   5)매우 그렇다

54. 나는 도전 정신(모험심)이 강하다.

1)전혀아니다   2)아니다   3)보통이다   4)그렇다   5)매우 그렇다

55. 나는 새로운 곳을 돌아다니기보다 늘 가던 곳에 가는 편이다.

1)전혀아니다   2)아니다   3)보통이다   4)그렇다   5)매우 그렇다

56. 배운 것을 다양하게 응용하기보다는 꼭 맞는 곳에 적용한다.

1)전혀아니다   2)아니다   3)보통이다   4)그렇다   5)매우 그렇다

57. 하나의 문제에 정확한 답 하나면 된다.

1)전혀아니다   2)아니다   3)보통이다   4)그렇다   5)매우 그렇다

58. 나는 말재주가 뛰어나다.

1)전혀아니다   2)아니다   3)보통이다   4)그렇다   5)매우 그렇다

59. 나는 내성적인 친구들이 좋다.

1)전혀아니다   2)아니다   3)보통이다   4)그렇다   5)매우 그렇다

60 급한 문제일수록 천천히 해결해야한다.

1)전혀아니다   2)아니다   3)보통이다   4)그렇다   5)매우 그렇다

61. 그림을 보고 떠오르는 생각을 적어보세요. [제한시간3분]

1. _____	11. _____
2. _____	12. _____
3. _____	13. _____
4. _____	14. _____
5. _____	15. _____
6. _____	16. _____
7. _____	17. _____
8. _____	18. _____
9. _____	19. _____
10. _____	20. _____

62. 일상에서 **"만질 수 없는 것"**하면 떠오르는 것들은 무엇일까요.
생각나는 것들을 모두 적어보세요. [제한시간 3분]

1.   11.

2.   12.

3.   13.

4.   14.

5.   15.

6.   16.

7.   17.

8.   18.

9.   19.

10.   20.

C.I.L. Academy 창의이미지언어로 리딩하라!

63. 눈을 동그랗게 뜨고 30초간 아래 곡선을 바라보세요.
그 안에 숨어있는 캐릭터를 찾아 빈칸을 채워보세요. [3분]

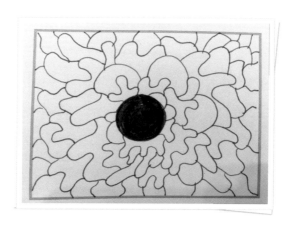

캐릭터이름 _____   사는곳 _____   나이 _____

성별 _____   성격 _____

64. 눈을 동그랗게 뜨고 30초간 아래 직선을 바라보세요.
그 안에 숨어 있는 캐릭터를 찾아 빈칸을 채워보세요. [3분]

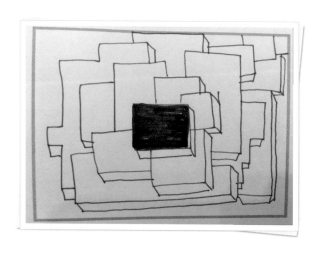

캐릭터이름 _____ 사는 곳 _____ 나이 _____

성별 _____ 성격 _____

65. 눈을 동그랗게 뜨고 30초간 아래 삼각형을 바라보세요.
그 안에 숨어 있는 캐릭터를 찾아 빈칸을 채워보세요.[3분]

캐릭터이름   사는 곳   나이

성별   성격

FIFUSION

Creative Image Language COACHING

창의 이미지 언어 융합분열

FIFUSION 〈생각의 순간〉을 그려라!

발행일 : 2024년 3월 3일
지은이 : 장태규
디자인 : 임지윤
발행처 : 창의이미지언어연구소(CIL LAB) www.cilschool.org
　　　　　서울시 동작구 동작대로45길 22, 105동 303호
인쇄소 : 더드림미디어(주)
　　　　　경기도 고양시 일산동구 정발산로 15, 4층 A9호
정　가 : 22,000원

ISBN 979-11-971260-2-4